社会主义核心价值体系建设

"双百"出版工程

项 目

/100位

新中国成立以来感动中国人物/

邱 光 华

王 军　王伦娓　夏 锐/著

★

吉林出版集团 | 吉林文史出版社

前　言

　　每个人的心中都多少有一点英雄情结，都向往英雄、景仰英雄。也正因此，在中华人民共和国建国六十周年之际，由中央十一部委联合组织开展的"100位为新中国成立作出突出贡献的英雄模范人物和100位新中国成立以来感动中国人物"的评选活动中，群众参与投票总数近一亿。这其中的每一张选票，都表达了人们对英雄模范的崇敬之情，寄托着对伟大祖国的美好祝福。

　　一个民族不能没有英雄，否则这个民族就不会强大。当国家危难之时，懦弱者选择了逃避、妥协甚至投降，英雄们却挺身而出，用热血捍卫民族的尊严，人民的幸福。在创立和建设新中国的伟大历程中，涌现出无数可歌可泣的英雄模范人物。他们之中，有为了民族独立和人民解放而英勇牺牲的革命先烈，有为了党和人民的事业而不懈奋斗的优秀共产党员，有在全民族抗战中顽强奋战、为国捐躯的爱国将士，有英勇杀敌的战斗英雄和革命群众，有积极从事进步活动的著名民主爱国人士和国际友人……他们是民族的脊梁、祖国的骄傲，是激励全体人民团结奋斗的精神力量。

　　《100位新中国成立以来感动中国人物》丛书，就像一部星光璀璨的英雄谱，真实、完整地记录了英雄模范人物不平凡的一生，再现了他们非凡的人格魅力和精神世界。舍身堵枪眼的黄继光，拼命也要拿下大油田的王进喜，中国原子弹之父邓稼先，新时期领导干部的楷模孔繁森……一串串闪光的名字，一个个动人的故事，犹如群星闪烁，光耀中华。

　　当今中国正处于伟大变革的时代，迫切需要涌现出一大批勇于承担历史使命、为祖国和人民奉献一切的先进人物。在"双百"人物崇高精神的引领下，在建设社会主义现代化国家的征程中，必将英雄辈出。

生平简介

　　邱光华，四川茂县人，羌族，1957 年 4 月生，1974 年 4 月入伍，1976 年 6 月加入中国共产党，陆军航空兵某团直升机特级飞行员，四种气象团级指挥员，四种气象教员，大校军衔。在 2008 年抗震救灾斗争中，邱光华不顾自己还有半年就到停飞年龄的情况，拒绝专门为他安排的后方岗位，坚持驾机参加一线救援，在 19 天的救灾行动中带领机组连续执行复杂地理、气象环境条件地区抢运受伤群众和运送救灾物资任务，共飞行 50 小时 31 分、63 架次，运送物资 25.8 吨，运送救灾人员 87 名，转移受灾群众 234 名，其中因灾受伤人员 54 名。2008 年 5 月 31 日，邱光华奉命驾驶 92734 号直升机执行运送三医大防疫专家到理县的任务，返航途中，飞至汶川县映秀镇附近时，因局部气候变化，突遇低云大雾和强气流，直升机不幸失事，邱光华和 4 名机组人员以身殉职。6 月 14 日，胡锦涛主席签署通令，给邱光华同志追记一等功。

1957-2008
[QIUGUANGHUA]

邱光华
QIU GUANG HUA

◀邱光华

目 录 MULU

■用生命去飞翔的傲天雄鹰（代序） / 001

■成长足迹 / 001

革命传人 / 002
革命的种子早已深深根植于邱光华血脉之中，童年的梦想指引
着未来的航程。

向往蓝天 / 007
党的政策和总理的关怀照进了大山，照亮了犟娃子对蓝天的渴
望，第一代少数民族飞行员将在这里起飞。

光荣入伍 / 011
拿着报名表，邱光华终于在通向梦想的征程上踏出了第一
步——后面，还有一路坎坷。

苦练精飞 / 014
相对于更加严酷的飞行训练，入选只是"万里长征走完了第一
步"，站在起跑线上，邱光华开始为搏击长空积蓄能量。

陆航"拓荒牛" / 020
时代在召唤中国陆军航空兵,中国陆航在召唤最优秀的空中骑手,在国家利益与个人前途面前,邱光华何去何从?

■**雪域奇兵 / 025**

飞向墨脱 / 026
"高原孤岛"危在旦夕,"死亡之谷"横亘眼前,危难关头,人民子弟兵怎样理解他们的"分内事"?

雪海孤舟 / 030
一次又一次,雄鹰在危难关头挺身而出,怀着坚定的信念不断向死神发起挑战,这种信念,在命悬一线的危急时刻得到了生动诠释。

金珠玛米 / 036
灾情就是命令,人民就是亲人。茫茫雪原上,战鹰来回搜索,只为寻找亲人的身影。

■**空中轻骑 / 047**

生死救援 / 048
台胞被困九寨沟,林女士高烧不退,返港期限日益临近……一旦救援失败,不仅被困人员存在危险,更将带来难以挽回的政治损失。大家不约而同地把目光投向了陆航部队。

拉萨戒严 / 057
一小撮分裂分子的罪恶行径激怒了邱光华,党、国家和人民的尊严不容侵犯,邱光华稳住飞机,选取最有利的视角,将犯罪分子的丑恶嘴脸展示在世人面前。

边境巡逻 / 061

地势险要，气候复杂，"驼峰航线"上，邱光华和战友们驾驶战鹰守卫着祖国的边境线。

卫星回收 / 067

下降的卫星拖拽着巨大的降落伞与直升机"擦肩而过"，把机上人员惊出一身冷汗。只有最优秀的飞行员才能在短暂瞬间做出最正确的选择。

■雄鹰本色 / 073

家 / 074

古人云："忠孝不能两全。"殊不知，在人民子弟兵心里，在站在子弟兵身后的亲人们心里，"忠"亦是"孝"，"孝国"方能"孝家"。

鹰爸爸 / 083

"我最大的心愿，就是自己的辛勤耕耘能够换来陆航团桃李芬芳。"

高尚人格 / 088

作为一名老飞行员，邱光华带给官兵的，不仅有精湛的飞行技术，更有立身做人的朴实道理。

■临危受命 / 093

"我是周总理选的飞行员" / 094

总理的关怀不仅改变了邱光华的命运，更指引了他立身做人的方向。大灾面前，总理的关怀犹在心间，他毅然决然地冲向了战斗最前沿。

架起灾区的生命通道 / 097

汶川、理县、茂县、北川……在所有道路不通、通信中断的地方，邱光华一次次突进、起落、转运，竭尽全力运伤员、送物资，把"死亡航线"变成了"生命通道"。

超越极限的飞行 / 102

贴着大山飞行，1小时所耗的精力，相当于平时飞4小时。按照条例规定，他们每天的飞行强度应该在6小时以内，而这段时间里，飞行员们平均的空中飞行时间多达8至12个小时。

数过家门而不入 / 107

对直升机飞行员来说，实现回家的愿望非常简单，他只需操纵飞机稍微拐个弯，轻轻一落地——短短两三分钟足矣。但是，邱光华却从未这样做过，处在灾难中的亲人抬头只能看见邱光华所驾飞机匆忙的、一闪而过的身影。

天地悲鸣 / 111

在最终消息到来之前，人们执着地坚信，雄鹰还会回来，他只是累了、困了、实在飞不动了，找个地方歇口气，等他休息好，肯定又会在天空翱翔。

英魂永驻 / 119

英雄走了，战友们继续用生命飞翔。他们将泪水化作燃烧的血液，驱动战鹰冲上蓝天，循着英雄的航迹奋飞，续写新的壮歌！

■后记   "邱光华式"机组：战鹰聚气待冲天 / 125

用生命去飞翔的傲天雄鹰（代序）

栗国　饶崎

历史将永远铭记，在抗击"5·12"特大地震中，中国军民创造的伟大奇迹；永远铭记，在那场人与自然的殊死搏斗中，用血泪书写的可歌可泣的光辉历史；永远铭记，在那场波澜壮阔的救灾斗争中，涌现的灿若群星的英雄模范。

邱光华，就是他们中的杰出代表。

邱光华烈士出生在四川茂县一个贫农家庭，是我军第一代少数民族飞行员的杰出代表。他历任飞行学员、飞行员、副大队长、大队长、副师职飞行员，有着娴熟、过硬的飞行驾驶技术、丰富的飞行经验以及很强的组织指挥能力，是部队不可多得的特级飞行员、指挥员、战斗员。

邱光华烈士爱岗敬业，一贯表现突出。他作为一名老飞行员，先后执行了"砺剑2000"、"510工程"、西藏试飞、边防巡逻等重大军事任务，圆满完成了《飞跃四川》、《突出重围》和《导弹旅长》航拍、17次卫星回收、抗冰雪冰冻、藏区维稳任务，先后荣立二等功两次，三等功五次。在新装备列装部队时，他主动参加新机型的改装。理论学习期间他勤学好问，为改装训练打下了坚实的理论基础；在改装训练中，他大胆探索，勇于实践，不断总结，飞行技术出类拔萃。他穿云破雾，共飞行5814小时22分，数十次赴藏遂行高原多样化军事任务，为填补世界航空空白做出了突出贡献。在遂行高原任务中，他几次遇险，但凭着过硬的心理素质和超群的飞行技能均化险为夷……他以高尚的品格、顽强的作风、过硬的技术和无私的奉献，赢得了部队官兵一致赞誉，被官兵和藏族同胞誉为"雪域神鹰"。他"心中无我"的舍小家顾大家的忘我精神非常感人，为及时把救灾物资运到灾区，为把受伤同胞抢运出灾区，为打通外界与灾区的空中生命通道，从大地震发生直到最后牺牲，他没有回过离部队不到一公里的家，没有看望过在部队服役的儿子一眼、问候一声。

邱光华同志的一生，是革命的一生，战斗的一生，奉献的一生，辉煌的一生，壮烈的一生，光荣的一生！他把自己的青春和热血无私地奉献给了他一直深爱的党、祖国和人民，奉献给了他一直关爱的国防事业，奉献给了他一直执着挚爱的部队飞行事业，奉献给了遭受地震的无数同胞！他以51年辉煌的一生，为我们谱写了一曲惊动天地、感人肺腑的英雄赞歌！

"烈士已随云端去，化作彩虹励千秋。"我们一定要认真向邱光华烈士学习，学习他忠于党、忠于祖国、忠于人民的优秀品质；学习他"视灾情为命令，视时间为生命"的战斗精神；学习他热爱事业、刻苦钻研、精益求精的扎实作风；学习他严于律己、助人为乐的高尚情怀；学习他英勇顽强、舍生忘死的大无畏革命精神！让我们化悲痛为力量，以邱光华同志为榜样，把对烈士的缅怀之情化为报国之行，以百倍的精神为国防事业、为履行光荣神圣的历史使命、为实现中华民族伟大复兴而奋斗！

成长足迹

➡ 革命传人

★★★★★

　　羌族，是中国最古老的民族，也是生活在"彩云之上"的民族。"依山居止，累石为室"的人们，勤劳、朴实，而川北延绵的山岳，则赋予了这个民族不屈的性格和对自由的执着向往。他们对翱翔在天宇山峦间的雄鹰，有着图腾式的膜拜。他们企盼飞出大山：飞翔！飞翔！

　　"四面山峦回峰映，一潭碧水狭口流"的四川茂县南星镇，聚居着许多羌族百姓，据说他们是大禹的后代。那里水波湛蓝，林密幽深，山峦叠翠，花草争艳。苹果、樱桃、枇杷，一年四季，水果飘香。然而在解放前，与无限好风光形成鲜明对比的，是羌族人民贫困的生活。山梁上贫瘠的小块土地，不足以维持一大家人的生计。羌寨领主的压榨，更是让本来就食不果腹的生活愈发没有了回旋挣扎的余地。在这样环境中成长起来的邱光华的外公，迫切希望改变自己和乡亲们的贫苦命运。青年的心中，萌动的是革命的种子。

1935年6月，红军长征经过四川阿坝州黑水县，将革命的火种撒进了羌寨，迅速点燃了这位羌族青年酝酿已久的革命激情。在信念的牵引下，他辞别怀孕四个月的妻子，准备趁天黑从南星镇安乡村赶往黑水参加红军。年轻的媳妇想留住男人，但她没有这样做，泪水在眼眶里转了转，又咽回了肚子里。

"天黑走山路可得当心啊！"

这是年轻媳妇对男人最后的叮嘱，雄鹰只有走出大山才能搏击长空，未来只有掀起革命才能改变命运。但她没有想到，自己的男人从此杳无音讯，直到解放后，她才收到了一张烈属证，却没有人知道她的丈夫究竟什么时候牺牲在了什么地方。

这便是邱光华外婆和外公的故事。外婆终生未再嫁，只是苦苦守着革命的后代，独自抚养女儿长大，吃苦受累一辈子，不曾有半句怨言。这个故事在南星镇安乡村广为流传，老乡们说：老邱家的人都倔得很，吃得苦的人多，有出息的人也多！

1957年春天，邱光华出生了。他是这个家庭的第一个男孩，虽然小小的身体有些瘦弱，但年轻的父母满怀喜悦，对小家伙的未来充满希望。外婆对这个长孙非常宠爱，她说大孙子最像外公，身体里流淌着红军的血液，以后也是要飞出大山的。邱光华的父亲是村里的老共产党员、老支书，德高望重。他一直用最朴实无华的人生信念教育邱光华：做人要厚道，做事要勤奋。

邱光华父母共育有八个儿女，邱光华排行第二，是家里的长子，上面还有一个大姐。所谓"穷人的孩子早当家"，作为大哥，懂事的邱光华从很小的时候就开始帮父母分担起家庭的重担，不仅要做家务、干农活，还要照顾一大堆弟弟妹妹。每天放学回家，小光华都要帮着大人生火做饭，置办一大家子的吃食；等吃过饭、洗好碗，一切收拾妥当过后，他的任务也还只是告一段落，接着还要跟姐姐一起给弟弟妹妹们洗衣服，要是姐姐有别的事，他一个人就得洗上十来个人的衣服；除此之外，一些缝缝补补的活儿也少不了。那时候生活困难，

△ 邱光华（后排右一）与父母亲和姐姐弟妹合影

小孩子们极少能穿新衣服，每件都要从老大穿到老幺。弟弟妹妹身上所穿，很多就是邱光华用姐姐和自己的衣服改的。只有所有这些活儿都干完了，小光华才能松上一口气，挑起微弱的油灯开始写作业、温习功课。不上学的时候，邱光华的活儿就更多了：担水、砍柴、放牛、种地……

虽然生活很辛苦，但年幼的邱光华却显得非常懂事，从不向父母叫苦叫累，更没有向父母要求过什么。每当在田地里劳累了一天的父母回到家，看到在伙房里被烟熏得像小黑人似的邱光华，心里都会升起一股内疚，感觉亏欠这个孩子太多。当爹妈的有时候也会跟邱光华说："苦了你这当大哥的了。"邱光华却从不这样认为，他总会像小大人一样摇晃着脑袋，老气地说："嗯嗯，还是当大哥好！"

大人们问："为啥子咧？"

"因为当大哥就可以照顾弟弟妹妹，"小光华一脸严肃，挠挠头，接着道，"还可以穿新衣服！"把大人笑得直流眼泪。

家族的传统和童年的生活培养了小光华乐观、坚毅、勇敢、善良和勇于承担的品性。而奔腾在他血管里对山外世界的向往，也随着年龄的增长而愈发强烈。小时候的邱光华总爱缠着外婆讲外公的事情，那一段有点悲伤的红色记忆，深深地铭刻在了邱光华幼小的心灵里，而从未谋面的外公，也成了邱光华心中永远的英雄。尽管那时他还没想过有朝一日驾驶战鹰翱翔蓝天，但心中早已存下了效法外公、从军报国的凌云壮志。外婆曾经问过怀里的小光华："长大了想干什么？"小光华"噌"地一下跳起来："我要学外公！当红军！"外婆神情一滞，眼眶竟红了起来。一旁的父亲笑骂道："胡说，

△ 襁褓中的邱光华与母亲、姐姐合影

现在哪还有红军，都改叫解放军了。"小光华愣了一会儿，随即挥起小拳头，用稚嫩而又倔强的童音喊道："那我就当解放军！"

偶尔有点闲暇，小光华也会跟伙伴们一起玩游戏，最热衷的是打仗游戏。随便端一根简陋的木棍就当枪使（长的是步枪，短的是手枪，带岔的就是机关枪），嘴里"叭叭叭"响个不停，双方小战士各据一方，"打"得甚是带劲。邱光华是个急性子，总是枪"响"没几下就大"吹"冲锋号，跳起来直冲过去解决战斗。邻居们回忆说，看他那股兴奋劲儿，倒是很有一番解放军秋风扫落叶的势头。游戏中，邱光华从来不愿扮演"反动派"，只肯当"红军"、"解放军"。

就这样，邱光华伴随着心中从未停歇的冲锋号逐渐长大。

➡ 向往蓝天

★★★★★

连邱光华自己也没有想到，实现梦想的机会竟会那么突然地摆在自己面前。

"好像天上落下的大饼，砸得我晕晕乎乎。这么多年过去了，回想起来还和做梦一样！"邱光华跟战友谈起自己招飞的经历，感慨万千。

当然，"扔大饼"的不是老天爷，而是党的好政策，是周恩来总理的亲切关怀。上世纪70年代初，周总理明确提出："少数民族必须要有飞行员。"指示人民空军在少数民族中招飞，主要就集中在四川和西藏地区。

那天，他像往常一样，挑着一担柴火，翻过了一个山头，感觉有点累了，就地躺在家乡青青的草地上，嘴里叼根草茎，仰望头顶蓝天白云飘过，远处天际雄鹰盘旋，好不惬意。不多时，一个同村的伙伴沿着山路走过，看见邱光华，便兴冲冲跑过来，准备结伴而行。

"听说了吗？咱们这儿要招飞行员了！"

邱光华一愣："听谁说的？有这好事？"

"通知都贴学校大门口了！谁让你一放学就急匆匆往家赶来着。"

邱光华脚步一滞，内心已翻腾起来。

1974年邱光华17岁，已经长成一个英俊帅气的小伙子了，但儿时当兵的想法却从未消退过，反而从一种单纯的梦想变成了一种现实的人生选择。他心里早就拿定了主意：高中一毕业，就报名当兵，像外公一样扛枪当英雄。至于当飞行员，山沟里的穷娃子倒是从来也没想过。

"当飞行员啊？那可就不是扛枪了，飞在天上当英雄啊！"邱光华只觉得内心一片火热。

"可了不得，在天上飞哟，那可不是跟鹰儿一样啦！"小伙伴没注意邱光华的反应，犹自感慨。

"鹰！"邱光华猛一抬头，望向天际的雄鹰，心念骤起，好像崇山峻岭都已落在身下，万里长空任我搏击！

"我要当飞行员！"邱光华满脸通红，从牙根里蹦出这几个字来。

"听说选飞行员那可是万里挑一，不容易，成绩要好，身体要好……唉！你干吗去？"

邱光华哪里还听得进去，心里满满当当装的全是鹰击长空的雄姿。他把肩上的柴禾一丢，也不管还在掰着指头细数当飞行员有

▷ 邱光华青年时代
生活照

多困难的伙伴，飞也似的朝家里冲去。

"我要当飞行员！"这是邱光华飞奔回家的第一句话。

起飞之路还没迈开脚，邱光华就遇上了第一个大难题——父母不同意！

邱光华自小勤奋，虽说干活儿不少，学习也从未落下，在同学里算得上拔尖儿。17 岁的他马上就要高中毕业了，这在那个年代的农村可算得上是难得的"知识分子"，再加上娃儿机灵懂事，又能吃得苦，在村里人人夸赞，想谋个好出路并不难。父母当然更想长子找个离自己近些的稳当工作，相互间也好有个照应。母亲的态度尤为坚决："那么多条路你不走，干什么非要去当飞行员，万一有个好歹，你让我和你爸怎么办！"

别看邱光华平日里听话乖巧，骨子里却有一股犟脾气，认准的事情九头牛也拉不回来。一次放学回家，邱光华跟同村的学生走在一起，一路嘻嘻闹闹，等到了家才发现带饭用的铝饭盒不见了。那时候生活条件不比现在，物资匮乏，什么东西都讲究爱惜着用，一个饭盒用上十几年也属寻常。邱光华父母非常生气，狠狠地责骂了他，父亲还冲着他屁股来了几下。邱光华自知理亏，只是一声不吭，骂也好，打也好，都认了下来。谁知到了晚上，邱光华竟偷偷地摸了出去，一个人顶着微弱的月光去找饭盒。山路崎岖，就是在白天走也很费劲，晚上就更不必说了。黑漆漆的夜晚，邱光华一个小孩，也不知摔了多少跟头，在上学的路上，摸索了几个来回，就为寻找那个小小的饭盒。等大人发现人没了，正慌忙兴师动众打着手电上山寻找的时候，小光华刚好一脸兴奋地举着饭盒往回跑，边跑还边喊"找到了！找到了！"气得父亲一把揪住他，夸又夸不得，打又舍不得，真是不知如何是好。倒是一旁出来帮忙找人的老阿公，弄清缘由后哈哈大笑起来，捻着胡须一个劲地说："这个娃子了不得！了不得哟！"

深知邱光华性子的父母轮番上阵，把他姐姐都拉了过来，又是说情，又是说理，轮番"轰炸"——就是不让他报选飞行员。这一盆子冷水浇下来，急得邱光华脖子都粗了三分，他涨红着脸说："凭什么不让我去，外公不也当红军了吗？"

当妈的也急了眼："可外公再没回来！"眼泪也流了下来。

见家人不同意，决心已定的邱光华往门槛上一坐，把头撇向外边，一句话也不说。

这时，外婆从里屋走出来，看着赌气的邱光华，长长地叹了口气。"让他去吧！"老太太的话平缓而坚定，"真正的雄鹰不会永远躲在巢里，他和他外公一样，终究是要飞出大山的！"

在外婆的支持下，父母最终还是同意了他的决定。父亲走过来，把手重重按在他的肩上："当飞行员不容易啊！要飞，就不能半途而废，就要飞得高，飞得远！就要飞出番事业来，给老邱家争光！"

"嗯！你们就放心吧！"

再次走出家门，邱光华又把目光投向蓝天，童年的冲锋号再次响起，那是起飞的号角。延绵的山川再也遮挡不住雄鹰的翅膀，他知道，他的生命，将与这片蓝天紧紧连在一起。

⊙→ 光荣入伍

★★★★★

说服了家人后，邱光华终于如愿以偿地拿到了飞行员报名表，下一步就是选拔。众所周知，飞行员的选拔非常严格，甚至是苛刻，其中最严格、最难通过，也是淘汰率最高的一道关卡就是体检，包含了 129 个大项，1000 多个小项。邱光华所在的茂县挑选了好几十个飞行员苗子参加体检，满满当当装了整两卡车，而最后通过的却仅有一人，要求之高可见一斑。在这一关上，邱光华一波三折，差点儿与蓝天失之交臂。

他碰到的第一道坎是听力测试。在这项测试中，医务人员会把受检者带到一间静室，戴上专门的测试耳机，手上塞一个按钮。医务人员操纵耳机播放出各种不同种类和不同音量的声音，受检者如果听得到，就按下手中的按钮。这样，就能测出受检者的听力水平。

邱光华本来是带着七分兴奋、三分好奇来参加体检的，从小锻炼的他对自己身体很有信心；体检开始后，看见同来的伙伴被各种他闻所未闻的检测项目难倒，成批成批刷下来，原本的兴奋立马变成紧张，仅存了三分好奇；等到被医生带入静室，周围一下子变得落针可闻的时候，就再也顾不上好奇，尽剩下紧张了。等他回过神来，脑袋上已然多了副硕大的耳机。

邱光华用尽力气去听，耳朵里却只听到自己心脏"扑通扑通"乱跳，哪还听得到什么别的声音。这可吓坏了邱光华，于是他变得更加紧张，于是更加"用力"地去听。可听声音又不是砍柴挑水，哪里是"用力"就搞得来的，反是越用力越紧张，越紧张越听不见，手里的按钮迟迟按不下去，急得他满头大汗。折腾了老半天，医生摇摇头，过来摘下耳机，拿出钢笔准备填写结果。

这一笔要是填下去，邱光华可就彻底与蓝天无缘了。关键时刻，刚才还不知如何是好的邱光华一跃而起，冲过去一把攥住钢笔："我、我、我……我能听见的! 能听见! "邱光华几乎语无伦次。医生也不知道是被他的突然举动给吓到了还是在想些什么，一时也没说话。邱光华见医生不说话，急得眼泪都要流出来了，又连珠炮一样："真的！真的！在家的时候，隔着一座山我都能听见狗汪汪叫，耳朵可灵光咧！我……我也不知道今天这是咋的了……"

这会儿，医生也看出来，所谓关心则乱，这小子怕是太想当飞行员了。他把邱光华的体检单抽出来，塞回最下一层，说道："你先出去调整一下情绪，等大家都测完了你再过来！"算是又给了邱光华一个机会。

邱光华出来后，平静了好一阵子，这才险之又险地通过了测试。

其实，邱光华由于家庭条件不好，又是长子，从小就帮着大人做事，挑柴担水之类的重活没少干，倒把小身板给锻炼得结结实实。虽说因为吃得差，身上没有几两肉，但身体的各项机能都很不错。

到初检结束时，同来的两车小伙子只剩了邱光华一个。而这还仅仅是初检，后面还有更加"苛刻"的复检呢。组织招飞的地方领导也是垂头丧气，这么多的好苗子，却只有一个过了初检，后面还有更难的关口啊。就这么孤零零的一个瘦弱娃娃，能成为飞行员吗？但不管怎么说，邱光华过了初检，还是有一线希望。

邱光华自小干得多，吃得少，身板长得很单薄，离飞行员选拔的最佳体重还差了5公斤。人武部的领导急了，邱光华再被刷下来，茂县就没有孩子选上了。

他恳求负责招飞的同志："给我一个月时间，我一定在身体复检的时候，让娃儿体重达标。"为了让"硕果仅存"的邱光华能够当上飞行员，县里下了大决心，把他接到县政府大院里住了足足一个月。每天喝新鲜挤出的牛奶，吃窝里摸出的鸡蛋，多吃饭成了艰巨的任务。从小过惯了苦日子的邱光华做梦也想不到，吃好东西也能吃得这么痛苦。为了飞行的梦想，他死命地往肚子里塞东西。一个月后，一直长不胖的邱光华重了6公斤。

历经千难万苦，终于不负众望，邱光华成了家乡第一个飞行员——第一代少数民族飞行员！邱光华不仅实现了自己一直以来的梦想，当上了光荣的人民解放军，更能如他向往的雄鹰一样翱翔蓝天，这要感谢党的好政策，感谢周总理。

⊙→ 苦练精飞

☆☆☆☆☆

1974年秋天，邱光华成为新疆哈密某空军航校的一名飞行学员。梦想变成了现实，邱光华高兴得好几天睡不着觉。他还不知道，相对于更加严酷的飞行训练，入选只是"万里长征走完了第一步"。用飞行教官的话说，体检过关，"只是说明你可以站在起跑线而已"。

对邱光华来说，气候不适，水土不服，身体单薄，生活不习惯……这些都能克服。但是枯燥复杂的航理，晦涩难懂的数据，还有力学、光学、电子仪表等等，是邱光华从未接触过的领域。羌族雄鹰的意志品质正接受着一次实实在在的考验，除了知难而进，他别无选择。

白天，他专心致志听教员讲课，仔细做好笔记。一有空就跟着年长的学员补习文化知识，打牢基础。夜里，他像小学生一样悄然端坐灯前，潜心攻读航理书籍。熄灯之后，他还要躺在床上，把当天学到的东西像放电影一样在脑子里过一遍。曾是邱光华航校同班同学的藏族特级飞行员勒干波，回想起当年的情景仍感慨万分。他说："老邱是我们那批少数民族学员里最刻苦的，开始的时候，体能素质不好，文化基础也不拔尖儿，可是到毕业测试的时候每项都是优秀！"

除了文化课，飞行学员还要进行高强度的体能训练。在体能强化期间，学员们每天都要在38分钟内跑完10公里，然后游泳3000米；转轮1分钟正转20圈，反转20圈；4个400米，2个800米；最后还有4个100米冲刺和50个俯卧撑。整体要求比二级运动员还要高。

那个时候的邱光华，身子骨在飞行学员里算是比较弱的，搞起

◁ 邱光华早年军装标准照

体能来非常吃力。初次测试的时候，在同批飞行员里几乎垫底，一定时间内不能迅速提高的话，肯定是要被淘汰的。

邱光华当然不会允许这样的事情发生，隐藏在骨子里的愣劲又冒了上来，越是不行就越是要上。每天在完成规定的训练科目后，别人都去休息了，他却还要额外加练。练到最狠的时候，双腿打颤，连下楼都很困难，只能用手扶栏杆，倒退着一步一步往下挪，正常走路根本不可能；吃饭的时候手一个劲儿地抖，拿不起筷子来。

为了"啃"下转轮这个科目，邱光华几乎豁出命来。因为飞行器在立体空间飞行，对人体的动平衡能力要求很高，所以抗眩晕训练必不可少，转轮就是专门为此设计的。人站在一个很大的铁环里面，手脚张开，分别固定在铁环内侧的四个固定点上，随着铁环一起旋转。对于从来没有经历过此类训练的人来说，这简直就是鬼门关：稍好一点的转上几十圈下地，免不了天旋地转，头重脚轻，脑袋一个劲儿往地上扎；差一点的就惨了，不仅脑袋晕，胃里的东西还一个劲儿往脑门子上蹿，吐得一塌糊涂。邱光华刚接触这个科目时，就属于最惨的，吐得昏天黑地、脸色发青，实在苦不堪言。为了尽快提高抗眩晕能力，邱光华经常自己跑到训练场去加练。有时候实在晕得厉害，抓不住转轮，他就用背包绳把自己直接捆在上面，一个劲儿地疯转……看到他的样子，不少战友都劝他放弃，他只是一摆手："多晕多吐几次就好了！"

△ 邱光华早年与战友合影

无数次期待后，邱光华终于迎来了与天空亲密接触的机会。说起来，邱光华第一次上天的经历，远非他原来想象的那么"梦幻"。

飞行员里流传着一句话——要学飞，先学跳。准飞行员们在有机会驾驶飞机之前，首先必须掌握跳伞技能，往往还没来得及仔细体会飞翔的乐趣，就背着伞包跳下去了。邱光华当然也不例外。

飞机带着一众飞行学员盘旋上升，地面村庄越来越小，直到在800米空中平飞。跳伞以组为单位，每组8个人。绿色的警示灯闪动，开始准备！教员猛地拉开舱门，强劲的气流立刻冲入机舱，伴着飞机巨大的轰鸣，带给初次体验的邱光华以强烈震撼，使他本能地感到了一丝恐惧。仅仅是一瞬间，邱光华心里一阵犹豫。就那么几秒钟的胆怯，教官毫不留情地把他推下了飞机。

其实，对第一次跳伞的学员而言，这种表现当属正常，但邱光华却不这样认为。在自己向往已久的蓝天上，居然还会畏缩不前，这让他感觉很抬不起头来。邱光华暗下决心，一定不让这种事情再次发生。

完成了基础理论课程的学习后，邱光华进入飞行技术训练阶段，开始逐步在教练机上进行实际操作。由于之前的不懈努力，邱光华把基础打得很牢，对飞行理论、飞机构造、操作要领了然于胸，再加上扎实肯学，对飞行充满兴趣，他的技术进步很快，受到教官们的一致好评。但邱光华并不满足，总希望能快一点掌握飞行技能，离开教官呵护，做一只真正的傲天雄鹰。

教练机都有两个座位，两套操作设备同时控制飞机。刚开始，飞机完全由教官操纵，学员只允许把手放在驾驶杆上，感受动作；

随着训练的深入，学员们将被允许进行一些简单的操纵，并逐步接管整架飞机。邱光华每次驾机训练，都会在完成规定科目后恳请教官多飞一会儿，多给他一些亲身操作的机会。带他的教员都说："这个学员天赋很好，训练又刻苦，是块飞行的好料子！"

走上教练机不到半年，邱光华就通过了单飞测试，把各种技术动作做得非常娴熟，成为同批飞行学员中的佼佼者，还光荣加入了中国共产党。

一分艰辛，一分收获。1977年6月，邱光华以各科优异的成绩从航校毕业，怀着满腔的踌躇壮志和飞翔梦想成为空八军独运大队一名年轻飞行员。他放飞蓝天，开始了英雄的征程。

△ 邱光华（前排左二）早年与战友合影

→ 陆航"拓荒牛"

★★★★★

20 世纪 60 年代，美国首次将直升机作为陆军作战装备投入越南战场。从 1962 年到 1972 年，美国在越战中共出动直升机上百万架次，直升机在战争中的独特作用初露峥嵘。随着科技发展，直升机的作用愈发凸显，在此后一系列局部战争中，如中东战争、两伊战争、马岛战争、海湾战争、科索沃战争、阿富汗战争、伊拉克战争，陆军航空兵更是大放异彩。在应急救援、森林防火、物资运送、空中侦察等其他方面，直升机的作用同样不可或缺。

邱光华作为一名优秀的空军飞行员，从来没有停止过对世界军事潮流的关注。虽然我国还仅仅是小规模装备直升机，应用上还处于谨慎的摸索阶段，但他已敏锐觉察到：以直升机为主要装备的陆军航空兵，一定会在未来军事斗争中占有一席之地，飞旋的铁翼必将为陆军现代化腾飞插上翅膀——时代在呼唤着中国陆军航空兵。

20 世纪 80 年代中叶，在全军编制体制进行重大调整改革、裁减员额 100 万的大背景下，党中央、中央军委着眼军事变革大势，高瞻远瞩，审时度势，做出了组建陆军航空兵的重大战略决策，并指示要下决心建设好这个兵种。中央军委决定，从空军部队抽调部分骨干力量组建陆军航空兵某团。邱光华所在部队正是抽调来源之一。

是继续留在空军部队，还是投向新兴的陆航事业？人生的选择再一次摆在了邱光华面前。

当时的邱光华已经是一名有着十年飞行经验的"老飞"了。十年的经验积累加上一贯的认真态度和刻苦钻研的学习劲头，他已经完全摸透了所飞机型，掌握了一手过硬的飞行本领，完成各项任务非常出色，所在单位的同事和领导都对他赞不绝口。如果留在原岗位，工作自然驾轻就熟，没什么难度，对个人发展也很有帮助；如果转隶陆军，则有可能改飞新机型。别看都是天上飞的，不同机型之间其实有着巨大差别，从机体结构到操纵方法、运用原则都完全不同，这等于是让他抛弃自己十几年来的所有积累，回头从零开始，挑战不可谓不大。

选择面前，邱光华没有丝毫犹豫，毅然决然地做出了改变自己人生道路的选择——投身陆航。因为他知道，发展陆军航空兵对技术上还比较落后的我军来说，不仅必要，而且紧迫，意义十分重大。"起步晚，底子薄"是我陆航部队组建之初的真实写照，新生的陆航部队迫切需要一大批优秀的飞行员来打开局面。

"在国家和军队这样的需求面前，个人的得失又算得上什么呢？"邱光华如是说。

初到陆航，学习驾驶新型直升机的过程，是对他一次不小的考验。

机舱里 200 多个电门、按钮、开关、仪表，甚至配套的说明书籍，用的全是制造国文字，语音告警系统用的也全是叽里呱啦的洋语言。外语就像一只拦路虎，挡在邱光华驾驭新式战鹰的路上，必须使出浑身解数才能征服。外语是邱光华的软肋，但对驾驶新型战鹰翱翔蓝天的渴望足以压倒一切困难。在翻译的帮助下，他把单词短语全部制成卡片，随身携带，随处学习，用超强的韧劲，硬是在短短一个月里，背记了数千条外语单词和短语，看得懂标注，读得懂教材，听得懂告警语。

之后，邱光华到某工程学院进行理论学习。新机型性能优越，构造复杂，原理深奥，过去所学的东西，几乎无任何可供参考和借鉴之处。认识未曾谋面的新机，要坐在教室里从理论开始学起，枯燥乏味，有时听得腾云驾雾，真有点"坐飞机"的感觉。但他一点也不气馁，什么也不多说，只是埋下头去一点点从头开始。碰到想不通的难题，他就四处请教，不管"老飞""小飞"，只要能答疑解惑，他都奉为"上师"，虚心求教。

理论改装之后，熟悉座舱设备。六七月份，头上烈日流火，脚下热气蒸腾，只要一进机场，立刻陷入名副其实的"煎熬"之中，身板儿不结实的人根本受不了，不是中暑，就是虚脱。邱光华一边争分夺秒地背记座舱设备图，一边排队"挂"在机舱外，等着听教员介绍各种座舱设备的功能、操作要领和注意事项。上晒下烤的煎熬，没有让他感到苦；尽快掌握新装备，让自己能与陆航比翼齐飞

△ 邱光华在地面苦练飞行本领

的迫切心情，使他心焦火燎。

尽管白天在外场蒸烤了一天，邱光华还是不会放过晚上的时间：默画座舱设备和机场半径图。对不熟悉的人来说，画一张图要花半个多小时，邱光华每天坚持画十张，几十天后，桌上的图纸垒起了一座小山。到最后，他画一张座舱设备图不到 5 分钟就可以轻松完成；对各种电门、仪表、开关和按钮，更是做到了一口清、一摸准；各种程序烂熟于心，操作起来如行云流水，一气呵成。

经过再培训，邱光华完成了他人生中又一个重大转折，成为了年轻的中国陆军航空兵一名直升机飞行员。

1991 年，时任成都军区政委谷善庆来到邱光华所在陆航部队视察，他勉励官兵："西南地区的环境很复杂，任务也很重，进藏执行任务的环境、气候条件都很复杂，相对讲，这对我们提出了更高的要求。要在原来的基础上精益求精，圆满完成训练和飞行任务。陆军航空兵在全军数量不多……你们就是种子，要为未来陆航的发展、起飞打好基础……"。听到这里，邱光华攥紧了拳头，目光里泛着坚定。他知道，自己的选择是正确的。这一席话，也被年轻的陆航部队记在了心底。作为他们中的一员，邱光华用自己的一生去实践它。

△ 邱光华在机场进行飞行演练

雪域奇兵

→ 飞向墨脱

★★★★★

1988 年的一天，邱光华所在陆航某团接到了一项任务——向西藏墨脱运送一批紧急物资。任务一下达，团长脸色立刻凝重起来，不少人更是勃然变色。

西藏自治区墨脱县依偎在喜马拉雅山南麓，与印度毗邻。它绕过海拔 7756 米的南迦巴瓦峰，躲在多雄拉山的背后。一条翻越被称为"鬼门关"的多雄拉山口的羊肠小道，是它唯一的生命线。平时人们进出墨脱，只能趁 7、8、9 三个月积雪融化时节翻越多雄拉山口。一年 9 个月大雪封山，阻断小道，它就成了与外界隔绝的"高原孤岛"，只有通过直升机才能在墨脱与外界之间艰难往返。

而就算是直升机，在这里飞行也需要冒极大的风险。飞向墨脱的航线上，多雄拉山口是必经之路。这里海拔最低 4200 米，两边是海拔 7000多米的两座山峰对峙，最窄处仅 74 米，山口就像

026

是被天神劈了一斧后留下的窄小缝隙，隐藏在数不尽的群山之中。更令人心悸的是，青藏高原寒流和来自印度洋的暖湿气流偏偏经常在这里相汇、碰撞，形成变化莫测的浓雾和强气流，忽而从前面劈来，忽而从后面袭击，忽而又像伏兵似的从峡谷某个角落骤然呼啸而起，似攫取生灵的巨网和迷宫。正因为如此，令人不寒而栗的多雄拉山口享有"黑色死亡谷"之称，是国际气象界公认的"空中陷阱"。

一边是生死考验，一边是党和人民的呼唤，陆航团没有犹豫，邱光华没有犹豫。他挺身而出："我去！"看着眼前目光无比坚定的邱光华，团长点了点头。他知道，邱光华技术精湛，堪称团里的飞行骨干。更为难得的是，他有股一往无前的气势和处变不惊的气度，这正是飞越多雄拉所必需的。

经过精心准备，4架直升机腾空而起，载着墨脱急需的物资冲入云霄。

一路排难战险，4只雄鹰飞越川、陕、甘三省，直逼青藏高原。穿过荒漠，穿过白雪皑皑的唐古拉山、昆仑山，稀薄的空气，莫测的高空气流，使飞机不停地剧烈起伏颠簸，邱光华稳稳把住操纵杆，沉着驾驭雄鹰在山谷中左冲右突，终于飞临骇人听闻的多雄拉山口。

冷漠的多雄拉山口冰棱垂挂，雪墙高耸，银光闪亮，寒气逼人，天空却晶亮透明，湛蓝欲滴。邱光华拉起操纵杆，跃升高度，然后一推操纵杆，战鹰像低头冲刺的公牛一样，朝着山口急速飞去。

刚刚进入多雄拉山口，情况突变，刚才还晴朗无比的天空把脸一沉，寒风骤起，黑云翻滚，一股强大的气流向飞机疯狂袭来，飞机开始剧烈抖动。紧接着，机身上下漂浮，不听使唤。强大的旋流搅慢了旋翼转速，如果再慢下去，旋翼的升力将被引力抵消，飞机极有可能失去控制。万分危急关头，邱光华一声不吭，脸色如常，一手迅速加大油门，另一手果断猛拉操纵杆，飞机猛地一跃，摇摆着从"云洞"中蹿出旋流区，闯过了多雄拉山口。

好不容易通过山口的邱光华还来不及歇口气，险情又接踵而至。一台发动机防冰活门自动打开，飞机一下损失了百分之二十的功率，像断线的风筝，飘飘悠悠往下掉。本来，防冰活门应在结冰时人工打开除冰，除冰自然要消耗能量降低功率，防冰活门这时候自动打开，无疑帮了倒忙。这可是第一次遇到啊！机组很多人都紧张起来，飞机掉到什么时候为止，谁心里都没底！邱光华当机立断，采取手控油门，飞机下掉一百多米后维持下来，机组带着故障又继续飞行了一个多小时。4 架直升机过五关斩六将，长驱 2600 公里，墨脱县城已遥遥在望，从飞机上看去，恰似一叶扁舟，在冰山雪峰涌起的巨浪里漂泊，好像随时都会倾覆一样，显得孤独而无助。还有 20 公里就到了，就能把生命攸关的物资送给急需的墨脱了。

但是，一道更大的难题摆在面前。短短 20 公里内，飞机要从海拔 6000 米的极限高度，降落到海拔只有 500 米的墨脱。周围群峰耸立，根本没有盘旋空域，飞机只能直线俯冲。由于速度太快，稍有不慎，就可能飞出国境，引发争端。很快，高速下降带来的失重状态出现了，接着便是因为气压变化带来的耳鸣和耳痛，让人几乎听不见飞机旋翼发出的巨大轰鸣。机组人员只能用手指使劲按压耳朵背后的小窝，把嘴张得大大的，防止气压变化压破耳膜。邱光华强忍着气压变化带来的不适，注意力高度集中，不断修正偏差，凭着精湛的技术和过人的胆识，在 20 公里的距离内，奇迹般完成了 5500 米近乎于垂直的降落。

飞机一落地，早已守候在旁的县委书记立刻跑过来，紧紧握住飞行员的手，激动地说："太感谢你们了，你们是墨脱的恩人哪！"

邱光华却只咧嘴一笑，说："分内事！"随即转身登上飞机，他还要赶在天气进一步恶化之前通过多雄拉，返回机场。

一句"分内事"，简单而质朴，但短短的三个字里，却饱含了邱光华对党的无限忠诚和对人民的深切感情。如果没有这份忠诚和感情，谁又会把使命任务、把人民群众看得比自己的生命还重呢？谁又会一次次将自己的生死抛到脑后，坦然驾机直面"鬼门关"考验呢？邱光华说的"分内事"，其实就是他所认为的一名人民子弟兵应该做的事，就是与他生命绑在一起的事，就是他豁出命来也要完成的事。一句"分内事"，让邱光华和他的战友们一次次飞向颠簸在冰涛雪浪之中的墨脱，飞向令人闻之色变的"鬼门关"多雄拉。

雪海孤舟

★★★★★

"鬼门关"上，死神静静地待在那里。终于，它挥舞着由多变气流和险峻高峰组成的死亡镰刀，猛地向邱光华袭来。

由于多雄拉大雪封山的时间长达 9 个月，墨脱在这段时间里完全无法通过陆路从外界获得补给，邱光华所在的空中梯队不得不一次次承担起搭建空中生命线的任务。1988 年，自大雪封山以来，几个月时间内，邱光华已执行了多次飞往墨脱的任务，运送了几十吨主副食品和其他急需物资，上百人搭乘飞机进出墨脱。凭借高超的技术，邱光华总能在与险情的搏斗中抢占先机，每每关键时刻化险为夷。好像连上天也特别眷顾邱光华这些无畏的战士，虽然每一次都是险象环生，最后却都有惊无险。

但这一回，死神的反扑来得尤其猛烈。

1988 年 5 月 27 日，墨脱再次发出信息，请求紧急空运一批急需物资。命令下到团里，刚刚完成另一项飞行任务，连飞行服都还没来得及脱下的邱光华立即请缨，他对团长说："这条航线我飞过几次了，情况比较熟悉，还是我去吧！"

邱光华再次驾机腾空而起，杀向墨脱。

我们常说，"战鹰翱翔在广阔的蓝天上"，这句充满诗意的话语在某些情况下却并不符实。一般来说，直升机在天空中飞行，没有陆上交通的各种阻碍，只要找准航向一直飞就可以了。但邱光华执行的任务却没有"广阔蓝天"，世界屋脊上矗立的座座山峰很多都超越了直升机的极限飞行高度，直升机只能在高山的夹缝中随着山势走向小心翼翼地飞行，稍有不慎就有撞山的危险。如果说普通飞行任务是开车在笔直的高速公路上随心疾驰，邱光华现在做的，就是在盘山公路上曲折前行。

虽然难度大，但难不倒技术过硬、经验丰富的邱光华。直升机好像已经通过紧握操纵杆的手与邱光华融为了一体，在他的指挥下时而跃起，时而俯冲，时而转变航向在空中划出一道完美的弧线，时而摆身侧滑玩出漂亮的"空中漂移"，在蜿蜒的航线上急速飞行。到目前为止，旅程还算顺利，各方面情况都很正常。"要是天气能够保持，这次任务就肯定没问题了！"邱光华如是想。

但希望很快就破灭了，刚才还平稳飞行的直升机突然剧烈颠簸起来，机体也开始令人不安地震动。邱光华心理咯噔一下："不好！有气流！"

由于高原上高山林立，阻挡了大气流动，使得山谷中的气流变得神秘莫测，几乎完全没有规律。如果直升机遇到突变气流，就很容易失去控制，被气流裹挟移动，甚至丧失升力，朝下坠去。普通飞行条件下，这样的气流问题不大，因为空间广阔，即使飞行状态一时被气流所扰，也可以慢慢改回来。但对现在的邱光华和他所驾驶的直升机来说，这种气流却足以致命，两侧高山距离直升机不到百米，气流稍一变动，就完全有可能将直升机"拍"到山上去，其结果必然是机毁人亡。

虽然不是第一次遇到此类险情，邱光华的心却提到了嗓子眼儿，因为他已经感觉到这次的险情不同寻常，震动远比前几次来得剧烈。他死死把住操纵杆，力图保持航向。但飞机在强烈的气流下早已不听使唤，一头朝旁边的高山撞去。如此高的速度，这一下要是撞实了，飞机立刻就会爆炸起火，机内人员也将无一幸免。千钧一发之际，邱光华出奇镇定，凭着一定要保全战友的信念，用尽全力朝侧面一打操纵杆，带动飞机倾斜着滑向一处窄窄的山崖，然后猛地朝怀里一拉杆，抬起机头，减速平摔在山崖上一小块平地上，避免了一头扎进山里的惨剧。

"轰"的一声巨响，飞机坠毁了。一阵天翻地覆过后，整个世界好像一下子完全静了下来。领航员赵正凡最先清醒，晕乎乎好一阵才确信自己还活着，而且没有什么大伤。飞机里，副驾驶员邓贵芳也无大碍。而邱光华却被怀里的操纵杆死死地顶住胸部，打断三根肋骨，身受重伤，疼得昏了过去。

机组人员在"鬼门关"里走了一圈，最后又让邱光华给拉了回来，无一死亡，这简直是个奇迹。领航员赵正凡后来回忆当时情况说道："要不是邱光华，我这条命早就交待在雪山上了！只有他，才能在那样紧迫的时刻保持清醒，做出最正确的动作。"

△ 邱光华在执行野外任务期间留影

虽然逃过一劫，但短暂的激动过后，大家又陷入了新的绝望。

四处是茫茫大雪，困在海拔 4000 多米的雪山上，求生的唯一选择是下山。可是，三根折断的肋骨如匕首般刺在邱光华的内脏上，让他不能动弹。高寒、缺氧，留在雪山越久，离死亡越近。

"与其大家在一起困死，不如让战友逃生出去。"生死面前，邱光华做出了一个艰难的决定：留下自己，让机组其他成员突围下山。

这一决定，立即遭到大家的坚决反对："机组是一个整体，要走一起走，要留一起留。"他们坚持要背着邱光华下山。谁都清楚，独自将重伤的他留在雪山上意味着什么。

"决不能连累战友一起困死雪山。"邱光华将头靠在一块破碎的机舱玻璃上，坚决地说："你们赶快下山，找到人再回来救我，我一定等着。你们不走，我就撞死在玻璃上！"

"老邱——"泪水在战友脸上肆意流淌。最后，机组还是否决了邱光华的提议，决定分为两组，一组继续照看邱光华，另一组迅速下山寻找支援。在雪山上气温低于零下20℃的夜晚，大家纷纷脱下自己的衣服盖在邱光华身上，不断地陪他说话，使他保持清醒。身负重伤的邱光华能不能扛过去，大家心里都没底。

求救人员用最快速度向山下前进，但雪山之上的路途又岂是好走的。一路连滚带爬，终于在第二天早上找到了帮手。等心急火燎的人们赶到失事地点时，留守小组的脸上、头发上已经结满了冰碴子，连说话的力气都没有了。

这一次，邱光华是真正与死神擦肩而过。在医院养伤的日子里，那段失事的画面和冻彻骨髓的感觉时常会使邱光华梦中惊出一身冷汗。在航空领域，许多飞行员经历这样的事故幸存后会留下严重的心理障碍，在很长的时间里无法走出阴影，不能回到岗位。其中再也不敢驾驶飞机，从此告别蓝天的不在少数。这种情况下，人们绝不会苛责当事人，因为这是人的正常反应。不仅如此，组织上还会给这些经历生死的飞行员以特殊照顾，安排其他工作。

"难道我也要告别蓝天吗？"在医院的日子里，邱光华也曾这样问过自己。但只要这念想稍一冒头，儿时的梦想就会回到脑中，十几年来驾驶战鹰的点点滴滴就会闪现眼前，初到陆航时谷政委的勉励还在耳边回响，第一次驾机突入墨脱后人民感激的眼神还历历在目……

"那样的困难我都熬过来了，就这样被打倒，我还算什么人民解放军！"解开心结，邱光华不再犹豫，"不！绝不能！从小的梦想怎能放弃，党的恩情还没有报答，建设中的陆航需要我这样的飞行员，挣扎在风雪中的人民期盼'吉祥鸟'！"

　　伤势刚刚痊愈，邱光华就拒绝了医院继续疗养的建议，主动回到部队，回到了他热爱的岗位。

　　考虑到邱光华的特殊经历，团领导原本打算不再安排他飞墨脱，危险较大的任务也尽量不让他去。知道这件事后，邱光华立刻找到领导："我的伤已经完全好了，为什么不让我飞墨脱！"

　　团领导关心地说："组织上是关心你！你已经做出了很大的牺牲，受些照顾是应该的。"邱光华一听立刻就急了："要不是共产党，我现在还在山沟沟里呢！这份恩情用命也报答不了，这点事情算什么！"

　　担心领导不同意，他还说："你们要是担心我心理上过不去，我就先当副驾驶，等证明没问题了我再扛任务！我的经验谁也比不了，肯定能发挥作用的。"

　　在邱光华的坚决要求下，团里最终同意了他的要求。不久，邱光华又站在了执行各种急难险重任务的最前沿。

　　死里逃生的经历过后，居然能这样快地恢复过来，即使是多年后，陆航官兵一谈起这个故事，无不佩服，特别是年轻飞行员，更是赞叹不已。邱光华却说："有什么好佩服的，不管怎么说，我总算还活着。那些牺牲的烈士，才是你们应该学习的用生命践行使命的榜样！"说到这里，他总会闭上眼睛，脑海里一一浮现那些远去了的鲜活身影："拉油桶的国逢仁参谋长牺牲了，随邢团长一道首次征服世界屋脊的藏族雄鹰阿罗牺牲了，张崇海、巴古泽旺、刘家强、唐孝德、李先通……牺牲了。"

他还会对新飞行员说："战友们去了，可陆航的道路还将继续走下去，我们要去完成他们未竟的事业……"

→ 金珠玛米

★★★★★

有世界第三极之称的雪域西藏，辽阔，美丽，富饶，同时高寒，缺氧，苍凉……。在许多世人眼里如另一个星球般陌生。翻开《吉尼斯纪录》，一行行鲜明的字眼跃入眼帘："世界上最广阔高峻的高原是中国的青藏高原，平均海拔高度达 4876.8 米。"境内有"最大的陆上山脉喜马拉雅山脉"和"已被世界公认 160 年 (1852 年—2012 年) 之久的世界最高峰珠穆朗玛峰"，同时，"世界上最大的雪崩曾发生在喜马拉雅山脉"等等一连串"最"，令人惊叹。在这样的条件下，高原地区人民的生活经常受到各种极端自然环境的威胁。邱光华和他的战友们就驾着战鹰守候一旁，一次次为受灾人民带去生的希望。

1994 年，自 11 月开始，那曲地区经历了 6 次强降雪过程，北起念青唐古拉，东西绵延千里之外。约 25 万平方公里的城镇、村寨、牧场里，13.4 万人、近 300 万头牲畜被重重围困在冰雪中，与世隔绝，生死未卜，频频告急。

灾情就是命令! 邱光华再度请缨，又一次站在任务最前沿。1995 年 3 月 3 日，包括邱光华在内的陆航团 25 名飞行员和空勤人员、3 架新型直升机严阵以待。当时，成都军区廖锡龙副司令员赶到部队驻地，下达任务：灾区的藏胞盼着你们，军区首长注视着你们，相信你们一定能克服一切困难，胜利圆满完成任务。

廖副司令员铿锵有力的话语，如同吹响了冲锋号，机组人员迅速做好各项准备工作，各就各位。三发红色信号弹腾空而起，随着震耳欲聋的轰鸣，邱光华驾驶战鹰像离弦之箭，从春光融融的川西直插西藏那曲的冰山雪海……

灾区之一的巴青县，唐古拉山以北毗邻"无人区"边缘地带，道路受阻，通讯断绝，190 名藏族牧民被困在冰雪里 100 多天了。

得知这一情况后，邱光华心急如焚。"乡亲们还活着吗? 吃什么?

烧什么？"一切都无从得知，令人难以想象。焦急的邱光华在休息室里根本坐不住，他披上大衣，顶着料峭春寒站在直升机前。"快停下吧，再不停，乡亲们就危险了！"他在内心祈祷着。也许是连上天也被这颗赤子之心感动了，一连下了好几天的大雪，居然慢慢停了下来。滚滚乌云逐渐散开，露出了久违的蓝天的一角。

"快，准备出发！"邱光华一甩大衣，招呼机组和地勤人员立刻投入起飞前准备工作。

"要不要再等等？云层还在头上压着呢！"机械师担心地劝道。

"来不及了！多等一分钟，灾区群众就多一份危险！"邱光华斩钉截铁地回答，继而向上级报告，请求起飞。

同样心挂灾情的领导经过慎重考虑后，同意了他的请求："天气不太好，注意安全！"

"是！我一定把好消息带回来！"在众人的目光下，邱光华迎风而起，扑向急需救援的巴青县。

当黎明到来时，救命的直升机伴随着巨大的轰鸣从漫天霞光中飞出。在死亡线上挣扎的藏胞闻声一跃而起，向着雪野，向着苍天，摇动干枯的双臂，扬起火红的头巾，山呼海啸般狂呼乱叫：

"呵哈——我们得救啰！"

"呵啧——我们盼星星，盼月亮，盼来了亲人金珠玛米哟！"

……

那一年，大雪来得特别猛烈，受灾范围也特别大。为了抗击雪灾，部队和地方几乎动用了一切可以动用的力量，一支支救灾大军使出浑身解数，竭尽全力使灾害的影响降到最低。但是，厚厚的积雪

△ 邱光华在藏区与战友合影(中为邱光华)

和险峻的地理环境使得救灾行动举步维艰，许多陷入灾害的地点从陆地上完全无法到达，直升机是他们唯一的指望。在这样的情况下，邱光华和他的战友们几乎片刻不得停歇，不断飞向一个又一个受灾点。经常是刚刚返航，连热茶都还没来得及喝上一口，就又得立刻出发，靠着带上飞机的干粮充饥。只有直升机装卸载货物的短暂间隙里，才能在驾驶舱里休息一下。

但不管如何辛苦，只要一有任务，他都会立刻出发。"困难再多，只要一想到灾区同胞痛苦的表情，任何退缩的想法都会消失得无影无踪。"他曾对战友说，"灾民们苦啊，地上的救援进不去，就靠我们了！你们是没见过，那种望眼欲穿的眼神，真是一辈子都忘不了。"

重灾区之一的岗彻乡，距县城仅仅 160 公里，中间矗立着三座横亘千里、终年积雪的高山。平时，车辆尚可以沿狭谷的盘山公路穿行，虽说险，塌方、飞石、泥石流多，毕竟还能通车。眼下，茫茫四野，冰柱高耸，雪墙纵横，成了不可逾越的屏障。救灾大军采用机械、人力、畜力试图强行运送救灾物资，都摇头叹气受挫而返。连最具有坚韧不拔品格的"雪海之舟"牦牛队，驮着救灾物资，赶到半山就再也赶不动了，接着便猛然回头，疯狂向山下奔去……这情景，着实令人心悸。

困在雪窝冰窖里的藏族同胞，眼望风雪迷茫的雪山，天天捧着收音机捕捉外面世界的信息。3月15日这天，收音机里终于传来了急切的呼喊声："岗彻乡的牧民兄弟请注意，直升机将在仓来拉山口机降物资……"喜讯像一声春雷震撼千里雪原，温暖着岗彻乡藏族牧民的心，顿时使得在死神阴影笼罩下的岗彻

◁ 邱光华在执行藏区任务巡逻时留影

乡复活了。

天放晴不久，邱光华就驾驶直升机出现在岗彻乡的上空，把糌粑、酥油、食盐、砖糖等急需食品和抗御严寒的衣物送到了藏族牧民手中。一位胡子头发都白了的老大爷举着刚领到的粮食，一个劲儿地喊道："雪中送炭啊！"

邱光华跳下直升机，迈着沉稳的步子，踏得积雪"吱吱"响，一步一个深深的脚窝，到牧民兄弟中间去了解灾情，问寒问暖。喜泪盈盈的乡亲们把邱光华和机组的同志簇拥在中心，称赞他们是救苦救难的活菩萨，倏然向他们和直升机下跪、磕长头。面对藏族人民真挚的爱，邱光华和机组全体同志心灵震撼了。"为人民赴汤蹈火，出生入死，在所不惜！"是他们共同的心声和誓言。

重灾区之一的那曲直译成汉文便是"黑水"，因此，许多人把它呼之为"黑河"。

的确，黑河的水似淡淡的墨汁，像黑色的巨龙在那曲的旷野平静地蠕动。风和日丽的晨昏，波光粼粼，流光溢彩，恍若仙境。两岸水草丰茂，是得天独厚的牧场。然而，特大雪灾却给了这里的人畜毁灭性一击。乌云翻滚，狂风大作，雪片搅着鸡蛋大的冰雹铺天盖地砸来，一阵接一阵，好像要把这丰饶的牧场变成死地。牧民们饥寒交困，惶恐万状，祈祷天神。幸亏"金珠玛米"邱光华驾驶"吉祥鸟"穿云破雾飞来，送来了足以抗御雪灾的燃料、食品、衣物，帮助牧民把人、畜平安转移到了山坳里的冬季牧场。

正当机组人员登机返航的时候，那曲县救灾办公室的同志大步流星赶来，死死拽着邱光华的衣服，上气不接下气地向机组通报：

桑依阿妈失踪半个多月了，至今下落不明……本想请邱光华驾机去找，但欲言又止，面有难色，不便启齿。是啊，桑依阿妈只不过一个普普通通的牧民，怎么能要求金珠玛米开着飞机去找？横亘千里的冰雪世界，又叫人到哪里去寻找？再说，机组的同志连日不停地飞，一个个放牧点救灾，晚上也只能在飞机上打个盹，个个眼窝深陷，眼睛布满了血丝，显然已是精疲力竭。牧民们又怎么忍心让他们再去为这样没着没落的事冒险？想到这些不由唉声叹气："这可怎么办啊！"

邱光华和整个机组明白了来人的心思，毫不犹豫地说："放心，我们马上去找。"他们立即找来藏族老乡，得知大致路线、方位后，奋然登机。

"大伙等着我们的好消息吧！"说罢，便紧急起飞，向冰山雪海深处飞去……

半月前的清晨。金灿灿的太阳跃上辽远的地平线，天空一碧如洗，牧场炊烟袅袅，黑河漂银淌金。在恬静的氛围中，牛羊随着牧人此起彼落的吆喝，潮水般涌出棚圈。这时，不知谁家在河滩上牧羊的姑娘，沐浴着阳光，轻声哼唱着"美丽的西藏，可爱的家乡"，目送着桑依阿妈骑着马淌过黑河，向牧民定居的寨子远去的身影。

桑依阿妈带到游动放牧点上的口粮吃完了，她是回定居点背口粮去。

桑依阿妈当天下午就早早到了家，点燃牛粪火炒了一袋子青稞，第二天早晨带上口粮骑着马往牧场走。途中骤然天昏地暗，风雪交加，坐骑被打得没命似的狂奔乱蹿之后，气息奄奄倒下了。桑依阿妈却分外镇静，她在那曲草原活了一大把年纪，知道这儿老天的脾气，说哭就哭，说笑就笑，眨眼工夫风雪过去就是大好晴天。她不慌不忙，背上粮袋，就近找到一个遮风挡雪的石坎，躬身蹲在下面，手捻佛珠，嘴里喃喃念着佛经，想等风雪过后再上路。不料，雪无休无止一个劲儿往地上倾泻，眼看已是黄昏，她才有些急了，欲走不能，只能在石坎下过夜。

借着依稀的雪光，桑依阿妈发现石坎的角落有一堆干羊粪蛋，她喜不自胜，可捂脚取暖，这一夜才熬得过去。她细看羊粪蛋思忖，这也许是岩羊的窝，要是岩羊突然蹿回来……想着想着恍然入睡。狼！一只、两只、三只……龇牙咧嘴，哭丧着脸，发出撕裂人心

△ 邱光华在布达拉宫前留影

的嚎叫，团团围住，咬她的肩，啃她的腿，她疼痛难忍，发出一声凄厉的惊叫……顿时从梦中醒来，浑身寒彻肌骨，肩和腿像真被狼咬了一样疼痛。就这样，她困在石坎下半个多月，渴了，抓把雪塞进嘴里；饥了，嚼一把炒青稞。第13天时断了粮，已饿得有气无力，手脚都冻得乌黑麻木，实在熬不住了就索性把粮袋套住头和肩。最后，两眼一黑，昏倒在石坎下……

邱光华驾着直升机，在100米至50米之间超低空飞行。机组同志目光闪闪，穿过薄雾，仔细搜索捕捉每一个目标。一个雪坑、一个雪丘、一个洞穴都不放过，眼睛被雪光刺得红肿流泪也仍然瞪得大大的，似乎欲穿透深深的积雪，寻找到桑依阿妈。

飞临一处河滩时，邱光华的心都快跳出来了，冻死的牦牛、野羊、豹子比比皆是。由于大雪封山，牲口野兽找不到食物，牛羊发狂似的啃噬同伴的尸体，咬得皮毛稀烂，惨不忍睹。牲畜如此，人呢？焦急万分的邱光华又一次降低了飞行高度。要知道，在这青藏高原极限飞行，每升降一个飞行高度都是世界航空史的奇迹。

积雪在旋翼的飞转下，四处飞扬。邱光华已摘下墨镜，死死地盯着窗外，寻寻觅觅。那飞雪伴着雪地的反光刺得两眼酸痛难忍。可这算什么，揉一揉，亲人在哪儿？

此刻，他心情极不平静，为桑依阿妈的下落不明万分焦急和揪心般痛苦。他暗暗自问："找不到桑依阿玛，我还算什么人民的子弟兵?！"他竭力控制因严寒而有些轻微颤抖的手，如炬的目光在雪海缓缓游弋，穿过藏北的一道道山梁、冰川、峡谷、山洼……都没有找到桑依阿妈的身影。邱光华一行并没灰心，仍继续飞，继续找，突然发现机窗下一个酷似人体形态的雪丘，他惊异地悬停，让机组人员沿舷梯下去刨开积雪看个究竟，原来是一具冻得冰棍似的死马。再刨雪细看，还有几粒冰冻的青稞。机组同志由此推断：这是桑依阿妈回定居点驮口粮的马。马死在这里，人必然就在附近。于是，大伙齐声高喊着"桑依阿妈！桑依阿妈！……"终于在石坎下找到了浑身冰凉、不省人事的桑依阿妈。邱光华抱起桑依阿妈枯瘦如柴的身体，

△ 与战友们合影留念（左三为邱光华）

大伙像卫士一样簇拥着，急切地洒泪呼叫："阿妈，醒醒! 阿妈醒醒! "踏着滑溜溜的冰雪，摇摇晃晃登上机舱，急忙用皮大衣把桑依阿妈包得严严实实，有的倒热水，有的喂饼干……忙得脚不停手不住。

　　飞机起飞没半个小时，桑依阿妈缓缓睁开疲惫不堪的双眼茫然四望，当她看到大伙头上光芒四射的"八一"军徽时，眼里立刻闪烁出惊喜的光亮，嘴唇嗫嚅着说不出话，冷不丁"扑通"一声，跪在机组人员面前……

空中轻骑

→ 生死救援

★★★★★

　　1992 年 7 月盛夏时节，持续高温引发川西北高原暴风雨，特大山洪和泥石流将通往世界风景名胜九寨沟的所有通道全部封锁，泥石流像一条条凶猛的黄龙，撕破山坡咬断山梁，卷起巨大的山石泥土扑向山谷、河流、公路、桥梁……几日之内，泥石流便冲毁了成都通往九寨沟、黄龙寺旅游区的几十段南线公路。7 月 8 日，四川省旅游局发出《关于"成都—九寨沟—黄龙"旅游线路交通受阻情况通报》。通报发出后，开往九寨沟的各种旅游车停了，停留九寨沟的旅游车迅速绕道撤出了。可是，就在这时，"G92213"台胞旅游团却毫不知情，从九寨沟西北进入危机四伏的险区。"G92213"台胞旅游团，是由桂林某旅行社组织的旅行团，全团 13 人（其中一位是小孩），加上带队导游小姐，总共 14 人。他们计划游完桂林山水，即北上丝绸之路，南下九寨沟，返广州入香港回台。出发时，便预订了返程的各站机票。他们中绝大部分成员是教师，游完九寨沟后，必须立即返程。不然，将会影响开学上课。

7月13日，这支旅游团兴致勃勃进入九寨沟当夜，便惊悉返蓉南线公路中断。遇上暴雨，回归的道路被洪水冲毁，他们都被困在了九寨沟。一时间，大家全都慌了神："机票作废怎么办……"

导游小姐觉得事情不妙，立即与北线返蓉要站南坪联系。不料，从成都发出的接应该团之车，亦被堵在南坪境外，无法接近九寨沟。

无可奈何之际，导游小姐决定北撤九寨沟退回甘肃绕道反粤。可是一联系——也晚了。北出九寨沟退回甘肃的公路亦被洪水、泥石流冲断，好几处公路断塌翻进了咆哮奔腾的江水之中。

怎么办? 怎么办?

一天过去了，公路不通。三天过去了，公路仍然不通。台胞们在九寨沟被困四天，不少女士已有高原头痛反应。最严重的是林小姐，连续几日高烧不退，随时都有可能转为急性肺炎……

九寨沟求援营救台胞的电话一道道打来，四川省中国旅行社的领导们如坐针毡，焦急万分。他们心里明白：如果再无法接应台胞们冲出重围，他们便只好请当地藏民兄弟协助，背背抬抬步行出山了。这样撤出谈何容易? 二百多里路程全是高山峡谷、急流险滩、断桥塌方，到处是山洪断路、泥石流堵道，稍有不慎，便会造成难以挽回的损失。经济损失可以赔偿，政治损失呢? 怎么赔偿? 可不能让台胞兄弟姐妹们遇难啊!

四川省中旅社的领导们紧急之中，忽然想到了军队，能不能请

△ 少先队员送鲜花给陆航官兵

军队派直升机支援呢？想到这里，紧皱的眉头舒展开了。崔钊副总经理立即向省政府侨务办公室国外侨务处呈送报告，请求成都军区派直升机支援，营救台胞突围。

省侨办马不停蹄，当即书面报告省政府办公厅。

省政府办公厅副秘书长许忠民批示："同意，请尽快联系。"

7月15日晚上8点，四川省政府办公厅的紧急求援电话打到了成都军区某部值班室。随即，电话内容传到了主管业务处骆处长家。骆处长当即电话询问陆航团团长邢喜贵直升机飞九寨沟的可行性。

在此之前，直升机尚未正式飞降过九寨沟载人，只沿南线公路在导航车指挥下试飞过一次。这种临危直飞既无地面降落指挥人员，又无导航车途中指挥，全靠机组人员目测观察目标，任务是艰巨的。但是，邢团长一听有13位台胞需援救，犹豫片刻，果断答复骆处长："可以飞！"

从成都飞九寨沟困难很大，九寨沟没有气象站(台)，降落点无地面气象员联系通报，飞行人员对降落现场的气象条件无法掌握，对复杂的气流、风向变化、云层高度和变化情况不摸底，起飞和降落都是很危险的。另外，由于公路塌方交通中断，航路上既无地面导航车指挥，又无降落场指挥车引导。这样，飞行气象、无线电通讯、油料三大要素就缺了两个。面对这种条件，邢团长立即召开紧急会议，研究飞行方案。

"情况如此复杂，谁能担此重任呢？"会上，由谁驾驶飞机进行营救是研究的主要问题。

"邱光华！"包括团长在内的与会人员第一个就想到了他。

当夜9点半，两架直升机做好一切起飞准备，邱光华和其他精心选定的骨干尖子待命出发。

7月15日一夜，据成都军区空军气象部门预告，九寨沟上空阴云密布，不能起飞。

7月16日晨，成都军区空军和成都市中心气象台通知：16日，九寨沟上空将透出一块亮点。这亮点犹如茫茫天穹之窗，随时可能因为流动的高压气流而关闭。

此时，离省中旅社为台胞所订返港航班只剩下两天，签证期限亦将在两天后截止，若不果断起飞，错失良机，几天后再去，营救的意义也不大了。

邱光华和他的战友们焦急地等待着起飞命令，等待着九寨沟上空那片明亮的光点迅速变大变薄，透射出太阳的金辉。

9点20分，九寨沟传来信息："我们这里已经看见太阳了!"

9点30分，两架直升机同时轰鸣作响，旋动巨大的叶片。转眼之间，两架战鹰轻盈地升上天空，向川西北方向飞去。

△ 成都军区某陆航团的少数民族飞行员们（后排右二为邱光华）

直升机按预定航线飞行。起初，成都军区空军雷达荧光屏上始终闪烁着他们跳动的亮点。可是，飞过平武，进入摩天岭山谷后，亮点突然消失，通讯亦告中断。

成都军区某部值班室气氛异常凝重：两架直升机飞到哪里去了呢？指挥员们焦急地等待着来自地面的消息。

直升机没飞到哪儿去，他们仍在高空翱翔。两架直升机飞临平武上空，按原计划应翻越岷山山脉进入九寨沟。不料，飞临摩天岭上空一看，烟波浩渺的云海横空拦路，直升机根本不敢进去。通过讨论和请示，邱光华一行随机应变，立即驾机从平武沿河谷钻山沟绕南坪县城，再顺山沟折回九寨沟藏坝。

此时，直升机在高原山谷低空飞行，难度非常大。高原空气稀薄，直升机功率受到影响。冷热气流奔腾跳跃，强风乱窜，机身不断被气浪冲撞。云雾不时流进山谷拦道，稍有不慎，便要迷失方向。但是，具有丰富飞行经验的邱光华镇定自若，与驾驶另一架直升机的老飞行员密切配合，认真操作，一切困难都化作烟云轻轻飘走了。直升机始终保持着正确的方向，在峡谷中渐渐向目标接近。

半小时后，中断通信联系的直升机在九寨沟上空出现了。九寨沟宾馆立即向成都打来电话："我们看见飞机来了！"

成都军区某部值班室平静了，指挥员们心上悬吊的铅块顿时咚的一声落地。

11点10分，邱光华驾直升机安全准确降落在九寨沟藏坝一块灰白色水泥停车坪上。在现场等待营救的台胞们全都高兴得叫起来："直升机来了！""接我们的直升机来了！"

飞机刚停稳，两位台湾小姐便架着生病的林小姐跑在最前面，朝直升机奔去。男男女女一大群台湾同胞个个激动得热泪盈眶。

邱光华走下飞机，关切地问："请问哪位是生病的林小姐？情况如何？需不需要马上送医院抢救？"

已在床上昏昏沉沉躺了四天的林小姐，听见祖国亲人这一声温和体贴的问候，眼眶再也包不住激动的泪花。

"不，你们得先休息一会儿！"

"我们开始真不敢相信你们会来接我们！"

"知道你们要来，我们昨晚一夜激动得睡不着！"

"我们都是些普通的教师，我们是第一次坐直升机，没有想到是在大陆坐第一次！"

……

患难见真情，海峡两岸血浓于水的亲情在此时此刻此情此景，以此种极为特殊的形式展现出来。

起飞前，台湾同胞和机组人员合影，留下了一张海峡两岸极具历史意义的照片。为了记住这终生难忘的时刻，台湾的先生、小姐们一个个争先恐后与机组人员合影留念。

11点50分，两架直升机满载海峡两岸的友谊之情胜利返航。邱光华驾驶直升机稳稳地翱翔在祖国蓝天，让台胞们俯瞰大地，饱览九寨沟神山奇水的风姿绰影。台胞们又一次次面对祖国青山秀水惊叹叫绝。

13 点 02 分，两架直升机安全降落在成都某军用机场，经过一个多小时的空中飞行，台胞们成功突围回到成都，按期登机飞港返台。事后，海内外一百多家报刊登载了本次事件，引起广泛关注。

　　1994 年 9 月，川西高原阴云密布，细雨绵绵，泥泞路滑，一辆地方旅游车不幸翻落山谷。当场死亡一人，重伤十几人，轻伤二十几人。为了及时抢救旅客生命，邱光华再次驾机直扑川西高原。

　　此时，邱光华刚从西藏执行任务返航归队，连续高原飞行多日，身体十分疲惫。但是，一想到营救群众生命事关重大，他又毫不犹豫地走向直升机。

　　由于地面救援人员装载伤员遇到突发情况，耽误了返航时间，直升机回到某机场上空时，已是夜色朦胧，地上一片昏暗。没有夜航灯、夜航车，飞机降落难度极大。

　　直升机载着十几名伤员在天空盘旋。

　　一群接机的医护人员在机场外焦急地呼喊："快下来呀，快下来！"

　　地面指挥塔指挥员很清醒，不能盲目降落，立即呼叫主驾驶员邱光华：

　　"OX、OX，你能不能看清降落目标？请回答。"

　　"OX 明白，我看不清降落目标。"

"OX、OX，请到双流机场降落，请到双流机场降落。"

……

邱光华俯瞰机场星星点点的灯火，一边琢磨降落的准确位置，一边思考转移机场的利弊。他想，转移到有夜航设施的双流机场降落，安全系数当然大得多。但是，繁华的成都市区此刻正处车流高峰期，从此机场转移到双流机场，再乘车折回成都，来回少说也要两三个小时。这两三个小时，说不定就是两三条人命啊！

如此一想，邱光华觉得转移事关重大，凶多吉少，便决定大胆谨慎地飞，就在此机场降落。

得到地面同意后，邱光华仔细认定地面隐隐约约的办公楼、家属区、公路、跑道和机场的位置，凭着丰富的经验和稳健的操作，把直升机准确降落到了机场上。

直升机停稳后，地面指挥人员才松了一口气，他们都为邱光华捏着一把汗。

直到接应伤员的救护车，闪着耀眼的尾灯，呐喊着隐隐远去，邱光华和机组成员们才拖着疲惫的身躯向营区走去。

多年来，邱光华和他的战友们已十余次抢救地方遇难群众和国内外游客。人们都亲切地称赞陆航团有一支过硬的"空中救护队"。

→ 拉萨戒严

⭐⭐⭐⭐⭐

　　1989 年 3 月，少数分裂主义分子在西藏拉萨市制造骚乱事件，严重危害了社会安定。为了捍卫祖国统一，维护社会秩序，保障拉萨地区人民生命财产安全，3 月 7 日，国务院总理李鹏签发了《中华人民共和国国务院关于在西藏自治区拉萨市戒严的命令》，决定从 3 月 8 日零时起对拉萨市实行戒严。

　　西藏分裂与反分裂、骚乱与反骚乱斗争由来已久，具有深刻的国际背景，呈现长期、复杂、尖锐的特点。从 1987 年 3 月至 1989 年 2 月不到两年的时间里，分裂主义分子先后在拉萨制造了 18 起骚乱事件，并且不断升级。1989 年 3 月 5 日，分裂主义分子开始了猖狂的打、砸、抢、烧。拉萨这座民族古城浓烟迭起，火光冲天，车翻房倒，残物满街，商店不敢开门，百姓不敢上街，学生不敢上学，职工不敢上班，美丽祥和的拉萨城被骚乱分子蹂躏成了一座纷乱的危城。

拉萨发生的严重骚乱事件，不是一般的社会治安问题，而是分裂主义分子进行的分裂祖国的罪恶活动，严重危害了社会安定。面对敌对势力的险恶用心，骚乱分子的疯狂行径，陆航官兵奉命赴藏执行值班巡逻戒严任务。

西藏局势时刻牵动着邱光华的心。作为在党的关怀下成长起来的第一代少数民族飞行员，邱光华对国家少数民族政策有着切身体会，对家乡的发展和人民生活的改善更是了然于心，深知分裂分子口中所谓"自由"、"独立"的借口是多么荒谬。对于那些怀着不可告人的目的，妄图分裂国家的分裂分子，邱光华深恶痛绝。而对于在骚乱中陷于水深火热的各族人民，邱光华更是感同身受。受领任务后，邱光华立刻拿出早已写就的请战书，投身到了这场反分裂斗争之中。

1989 年，邱光华驾机赴西藏担负应急战备值班，以应对紧急情况下用机和巡逻任务。3 月 5 日的骚乱事件发生后，为及时准确了解掌握骚乱现场情况和骚乱分子的犯罪证据，西藏自治区政府请求直升机支援。接到命令后，邱光华和机组人员在最短时间内完成出动准备，驾机直奔骚乱现场。

骚乱现场八廊街是以佛教寺庙大昭寺为轴心形成的环形街道，位于拉萨市老城区中心，有八个街道口，巷道狭窄，地形复杂，街道两旁多为二层藏式楼房，商业摊点密布，居民多为本市市民，并有部分印度、尼泊尔和巴基斯坦侨民，大多数以摊点经商为生。按宗教习惯，每天拂晓至黄昏，都有成千上万的佛教信徒围绕大昭寺沿八廊街顺时针方向转经，再加上许多观光游客，形成一股川流不息的人流。自1987年以来，分裂主义分子利用这里人流大、地形复杂的特点，多次制造骚乱事件。

当邱光华驾驶直升机飞临八廊街上空时，怒火顿时充斥了他的胸膛。分裂分子的破坏行为，将人民群众辛苦建设的劳动成果付之一炬，其手段之卑劣，气焰之嚣张，令人发指。

"快！把他们的罪证都拍下来，让全世界都看看他们的丑恶行径！"邱光华向随行摄影师说道。他有力的大手稳稳握住操纵杆，使直升机尽量平缓地盘旋在八廊街上空，为摄影创造条件。

11时，直升机沿八廊街拍摄到派出所门口和治安服务站门前，骚乱分子向公安人员投掷石块的画面。围攻公安人员的骚乱者越聚越多，石块从大昭寺楼顶向附近的派出所飞去。骚乱者三番五次鼓动群众向八廊街派出所和治安服务站冲击，用牦牛绳抛甩石块。街心广场的路灯、广场周围藏式楼房的玻璃大多被击碎，平时人们休息、散步的大昭寺广场一片狼藉。

12时，机组发现13名喇嘛、尼姑打着"雪山狮子旗"，沿八廊街游行。他们边走边呼喊"西藏独立"的口号，向八廊街派出所公安人员砸石头。拍摄到骚乱分子分别在八廊街、北京东路、吉日路三处游行，骚乱分子狂呼口号，打、砸、抢、烧，先后有多个单位、旅馆、饭店的门窗被砸。在光明路北段，骚乱分子将清真益民饭馆和毗邻三家饭店内的床、椅、自行车、行李及其他服务设施拖到大街上烧毁，大街上浓烟滚滚，烈火升腾……

下午 3 时左右，邱光华再度起飞，在北京路发现骚乱分子更加猖狂，600 多人继续在北京东路游行，并对沿途一些机关单位和商店进行打、砸、抢、烧。更为严重的是，他们纠集数百人，数次冲、砸城关区委和区政府机关，摘下城关区机关的牌子砸毁，还破坏了交通警岗和指示灯，砸坏了公安、武警、消防 20 多辆汽车，甚至公然向公安武警开枪射击。

发起和推动骚乱的只是一小撮分裂分子，绝大多数藏族同胞都是渴望安宁生活，拥护祖国统一的。分裂分子为达到自己不可告人的目的，扩大破坏行动，像抓壮丁一样驱赶、胁迫群众加入他们的队伍，制造藏族同胞大规模参与的假象。邱光华鹰一样的眼睛敏锐发现了这一情况，立刻降低飞行高度和速度，操控直升机在很小的范围内反复盘旋，记录下了这些镜头。

由于邱光华和战友们及时从现场发回了骚乱实况，使地面指挥部能够及时采取果断行动，有力地遏制了骚乱的蔓延，很大程度上减少了骚乱带来的破坏。被邱光华一行从空中用摄像机当场拍摄下的骚乱画面，后来成为揭露分裂分子罪恶行径的铁证，为党和政府赢得了政治上的主动。

执行值班巡逻任务期间，邱光华和他的战友们先后发现并成功粉碎分裂主义分子有预谋的骚乱苗头及骚乱事件 30 余起,运送转移人员千余人次,物资 10 余吨。期间, 他还出色完成了森林救火、救援雪灾受困群众、边境空中巡逻等多项任务,为捍卫祖国统一,维护民族团结做出了突出贡献。

→ 边境巡逻

★★★★★

中国与缅甸之间有着 1000 多公里的边境线,大多数隶属热带和亚热带地区。崇山峻岭, 地势险要, 气象变化万千, 给边境巡逻和管理带来极大难度。这里的空中航线就是二战时期由美军开辟,后来闻名世界的"驼峰航线"。当年, 日军攻占了中缅公路南端终点腊戍, 盟军支援中国抗战的最后陆上通道被切断。美国被迫开辟了西起印度阿萨姆邦, 向东横跨喜马拉雅山、高黎贡山、横断山直至我国云南高原和四川的所谓"驼峰航线"。据战后美国官方公布的数字表明:"美国空军在持续三年零一个月的援华空运中，在驼峰航线上一共损失飞机486架，平均每月达13架；牺牲、失踪飞行员和机组人员共计1579人。全长1000多公里的中缅边境线，夹在横断山和高黎贡山之间，部分地段山高路险，是"驼峰航线"中最为险要的部分。因地理条件极端险要，在地面勘察此段边境线异常艰难，大大影响了巡逻的质量和边境管理的有效性。

2004年4月，邱光华受命执行此段边境线上首次空中巡逻任务。用直升机勘察怒江大峡谷边境界碑，这在我军历史中尚属首次，在怒江大峡谷飞行也是头一回。

这一天，昆明碧空万里。机组官兵们兴致勃勃地登上飞机，开赴他们向往已久的边境线。成都至昆明，虽然中间有高山阻隔，但对长期飞行在高原环境的机组成员来说，并没有感到太大压力，再加上先进的导航系统和地面指挥系统，一路上，大家兴致勃勃地浏览沿途风景，有说有笑，显得轻松惬意。只有邱光华面色凝重，他对机组说："可不要小看了'驼峰航线'，'死亡航线'的名头不是凭空得来的。"

此时，一张张无形的大网正在前方编织，准备随时给首飞"驼峰航线"的机组一个下马威。飞机沿着预先计划的路线飞入一个山谷。进入不到5公里，机长邱光华就叫了一声"不好"，飞机猛烈地颠簸起来。只感到一股强大的气流从头顶上铺天盖地袭来，飞机仿佛喝醉酒一般没有了稳定性，左右摇晃，紧接着，机身上下漂浮。邱光华异常镇静，他知道，此时稍一迟疑，飞机就有可能在气流的压制下坠入山谷，他迅速加大油门，果断地拉起操纵杆，驾着飞机上跃，努力保持着飞行姿态。气流下的飞机开始犹如一匹烈马，面对这样的好骑手，没经几个回合就乖乖驯服了。

还有一次，机组准备从德宏州飞往怒江，两边都报告天气很好，可飞机起飞后不久，能见度就下降到只有几百米，云雾笼罩着整个飞机。飞机只好上升高度，可直到高度表指向5000米，仍没有脱离云层包围。再升吧，恐怕飞机升力有限；往下吧，只能在云层中瞎子摸象。云中飞行，危机四伏：万一遇上雷电怎么办？在潮湿的云层中，外界温度下降，一旦防冰系统自动

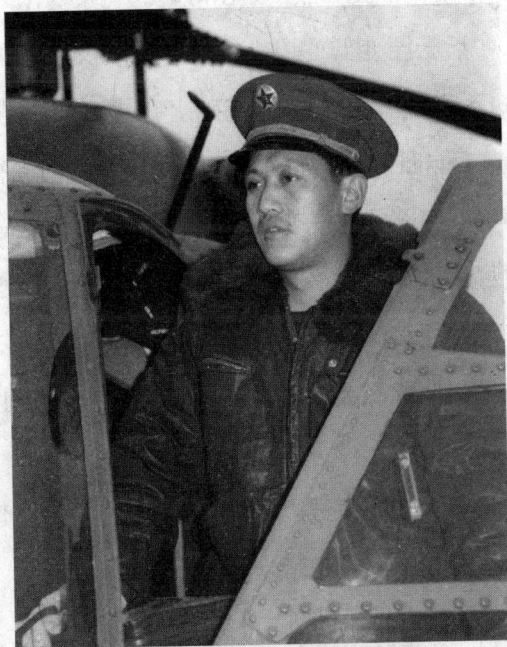

△ 邱光华在登上直升机瞬间

开启,动力下降又怎么办? 还有,前机和后机相互都不知道飞行状态,如果后机速度稍快,两机相撞又怎么办?

邱光华谨慎地与前机保持 200 米高度差,速度保持一致,同时与沿途经过地区联系备降准备,机组在云中努力搜索,寻找可供突围的云层漏洞。机舱外温度此时已经下降至 3℃左右,穿夏季飞行服的机组人员在机舱里冻得直起鸡皮疙瘩。

"前面有个云洞,准备过去。"邱光华捕捉到云层留下的一个"破绽",稍稍观察了一下云层情况,不敢迟疑,使劲儿一推驾驶杆,直升机安全脱离了云层的包围。

在后面的飞行中,他逐步摸透了"驼峰航线"的气候和地理特征:多数地区处于热带和亚热带交界点,崇山峻岭,气象变化万千,夏季上午天气较好,午后云层变低变厚,容易形成浓积云,产生突发阵雨,风大且风向不稳定。他还在此基础上和战友们总结出山谷飞行的特点:在阳光不能照射的阴面,属于下降气流,对飞行不利;阳面由于被阳光照射,底部的空气变热变轻,是上升气流,对飞行有利,所以飞行要尽量选择阳面;同时必须提防冷热气流交汇形成云层,特别在山口,往往气流交汇,十分不稳定。所以,在阳面山谷要稍稍飞得低一些,阴面却要求飞高一些,以减小气流对飞机造成的影响……

中缅边境线地形复杂,大多数以河为界、以山为界,弯弯曲曲,地面巡逻极端困难,对空中巡逻也带来不少麻烦。出发前,该团政委张晓峰曾召集巡逻分队官兵做动员。他说,边防巡逻是一项政治性极强的工作,稍有不慎,就会引发国际争端,给国家政治和外交上带来被动。团长余志荣结合自己多年飞行经验，详细说明需要注意的事项。他说，必须把准备工作做细做全，时刻小心驾驶，才能确保飞机始终飞在自己的土地上，不出境、不偏航、不迷航，圆满完成这一重大任务。

邱光华带领机组人员，认真研究航线所经地区的地形地貌特征，分析天气情况。每次飞行前，还要与当地军民共同研究飞行方法，熟悉边境线走向和各边防团、营、连的位置，明确各起降场的标高、静空条件和进入方法，制定每一段航线防迷航预案，明确有争议地区，熟记容易出境的地段和应对方法。

在某军分区所辖地区进行空中巡逻，首要任务是沿着边境线找到和标定几个边防连队的具体位置。在一名当地干部和军分区作训参谋的引导下，邱光华驾机腾空而起。每到一个地区，就要对照大比例地图，运用先进的 GPS 系统和机载罗盘，反复研究进入航线、返回航线、与边防连队联络的方式等，把一些需要的准备工作做细做全。但正所谓计划没有变化快，现实情况往往出人意料。

当他们按照预定路线飞到标定点上空时，却怎么也找不到那个连队的位置。难道是地图发生了误差？找不到边防连就意味着完不成巡逻任务，机长邱光华做出了一个大胆的决定，向外飞！此时，机组人员心里明白，飞机所处位置，距离边境线不过几公里，如果把握稍有不准，飞机飞出了边境，那问题就大了。邱光华用极低的速度，逐步降低高度向边境线靠去，机组人员瞪大了眼睛，仔细搜寻着地面目标。突然，他们发现地面耸立着一座铁塔，这可是地图上根本没有的东西啊！莫非已经出了境？飞机立即原地悬停下降高度，大家的心都悬了起来。领航员把头伸到窗外，拿着高倍望远镜足足看了一分多钟，然后回过头高兴地告诉大家："你们猜是什么？中国电信！"在边境上听到"中国"这两个字该是多么的激动，大家紧张的情绪这才放松下来。军分区的作训参谋突然想起，这个连队附近就有铁塔，很快找到了连队驻地。

还有一次，也是标定部队位置。飞到一个地图上显示有很多建筑物的村庄时，却怎么也找不到地标物。莫非又是地图发生了偏差？很快，邱光华在前方不远处发现一座小城，其中还有藏区经常见到的鎏金塔。

邱光华决定飞过去看看。刚偏转方向没多久，就觉得不对劲。他仔细观察地面，先是发现即将飞临一条小河，接着又找到一座桥，心里倏然一惊，使劲儿一打杆，飞机几乎是九十度大转弯，在距离界河仅有400来米的地方转回头来，避免了越界纠纷。这条小河和桥梁，正是地图上标明的边境参照物之一。事后，机组通过向当地军民了解才知道，地图上原来标注的村庄早已搬迁了，他们所见小城正是缅甸的一座城市。

昔日需要边防官兵骑马、徒步三个多月才能完成的巡逻任务，被两架直升机在几天时间内完成，大大缩短了巡逻时间，提高了边境巡逻质量和遂行任务的能力。

巡逻期间，包括邱光华机组在内的多架任务直升机，创造了在驼峰航线、怒江大峡谷等多条陌生航线安全飞行的奇迹，不仅圆满完成了边境巡逻任务，还搜集了大量的边防地区地理、气象资料，为更好地遂行边防任务打下了坚实基础。

→ 卫星回收

★★★★★

返回式卫星是指在轨道上完成任务后，有部分结构返回地面的人造卫星，对于开展太空观测、空间实验具有十分重要的意义。在我国，每一颗卫星返回地面之后，都要依靠直升机进行搜寻和调运。不论气候怎样、地形如何，直升机能否及时发现、吊装和运回卫星，直接关乎整个空间工程的成败。在邱光华三十多年的飞行生涯里，参与执行卫星回收任务达十几次之多，为我国航天工程做出了重要贡献。

2005 年，邱光华所在陆航团再次接受卫星回收任务，邱光华担任了其中一架任务直升机机长。指挥组将卫星可能着陆的地方划分成四块区域，邱光华一如既往地要求去降落概率最高，也就是最危险的一个区——仓山镇。与他同机组的年轻飞行员不太理解，因为在能见度不高的情况下，执行这样的任务危险性很高。为了尽快找到卫星，直升机必须停留在最有可能降落的空域，一旦让卫星或是连带的降落伞擦碰半点，就会机毁人亡。而作为大队长，邱光华完全可以指派其他人去。

　　邱光华看出了年轻飞行员的想法，语重心长地说："作为一名老同志、老机长，在关键时刻不作表率，不勇于担重担，把责任推给别人，合适吗？虽然天气不好，区域危险，只要我们掌握科学的回收方法，认真准备，密切协同，安全还是有保障的。你年轻，飞行的日子还很长，将来会遇到各种各样的情况。要牢牢记住，飞行不仅要胆大心细，科学实施，更要敢于担重担。"

　　尽管此前参加卫星回收百分之百成功，回收经验是一等一的丰富，但邱光华丝毫不敢懈怠。为圆满完成这次回收任务，早在两天前，他就和机组一起按照正式回收程序，驾驶直升机到卫星的预落地点进行了预演，熟悉地形，沟通空中与地面的联络，确定直升机临时降落地点，以免正式回收时出现意外。

　　卫星返回当天，邱光华驾驶直升机随飞行编队飞向预定着陆点，同行的还有几名卫星方面的专家。起飞时，机场是阴天，能见度尚可。但直升机接近目标区域时，天气情况变得异常恶劣：低空云层高度竟然只有 200 米左右！能见度更是骤然降低，只有不到 500 米，机舱外白茫茫一片，非常不利于飞行。按照平时惯例，这种气象状况甚至应该禁航！地面控制站的工作人员都很担心回收能否顺利进行。但邱光华多年的飞行和回收卫星经验又岂是等闲，再加上刻苦的训练和反复的推演，此刻气定神闲，信心十足。

与塔台沟通后，邱光华打开机载气象雷达，带领机组按照复杂气象飞行，凭着熟练的飞行技术穿云破

△ 邱光华（右一）和战友在直升机机舱内

雾，在云中飞行了近半小时后重见光明，使同行的专家们兴奋不已。

经过一段时间的飞行，编队顺利到达蓬溪县指定等待空域，依次分布在以预计落点为中心、半径约 40 公里的东北、东南、西南、西北，呈正方形分布的四个顶点，不停盘旋搜索，机载定向罗盘建立搜索跟踪状态。

与此同时，西安卫星测控中心指挥大厅的大屏幕上，显示着卫星运行轨迹的红色曲线在经过缓慢爬升后，开始向下滑行，向着我国中部地区一路奔来，10 分钟过后，随着调度人员一声洪钟般的口令，测控站开始对进入我国上空的卫星实施跟踪，卫星状态被实时传送到回收编队。很快，直升机上的测向仪收到卫星回收舱信标机传来的信号，罗盘指针开始转动。直升机忽而银燕斜飞，忽而上下鱼跃，机组人员望着机舱外的天空，几十双眼睛在茫茫天地间寻觅。

邱光华按照信号的指引，循着罗盘指向加速追去。时间一分一秒地过去，卫星还是不见踪影，大家心里逐渐急躁起来。邱光华阴沉着脸，一声不吭地操纵直升机，眼睛透过风挡玻璃机警地在天空中扫描。

突然，眼前跳出一个漆黑的铁球，就在直升机前不到 90 米处。事发突然，机上其他人哪见过这般景象，齐齐一愣，都没反应过来！邱光华却没有迟疑，多年的飞行经历让他出自本能地在瞬间做出了正确动作，直升机猛一偏头，打了个向右的急转弯。这时，卫星回收舱连接的降落伞飘然而至，在距直升机不到 40 米的地方"擦肩而过"。要知道，飞机在空中以每秒 50 米的速度前进，这个处置要是晚一秒钟，后果不堪设想。别看直升机在天上飞，好像上、下、左、右四个方向都是路，但如果把直升机速度、卫星速度、降落方向、降落伞大小以及风向、风速等元素综合进去，细细一算，其实只有右转一条生路。邱光华瞬间的决定，居然把这些因素都囊括了进来，准确无误地四中选一，为机组打开一扇"生门"，其水平之高可见一斑，甚至可以说达到了武侠小说中"收发由心"的境界。

跟着又是一偏杆，邱光华操纵直升机左转下降紧追卫星而去。机上的摄影师连摔两个跟头，这才反应过来，不停地念叨："好悬！好悬！"冒出了一头的冷汗。

据有关专家介绍，卫星在天上的飞行姿态若与理论计算偏差一分，那么落地时就会偏差300多公里。预定着陆点周围很大一片区域，都是可能的降落点，直升机置身其中，哪里最可能降落就往哪儿飞，是绝对有可能被砸个正着的。这颗卫星的返回恰恰与理论计算时间、地点非常吻合，差一点就和邱光华在空中撞个"满怀"。

"看！看！看！"摄影师兴奋地大喊着。远远望去，卫星撑着红白相间的降落伞，像一只小小的飞碟，左右漂浮。渐渐地，人们可以分辨出降落伞上的图案，舱体也逐渐清晰起来，飘飘洒洒落向地面。邱光华迅速下降高度，两眼始终不离卫星。拖着彩色降落伞的回收舱，似长了眼睛的天使，不偏不斜，轻轻飘落在一块稻田里，卫星终于回到了祖国的怀抱。

当机上的一些专家还惊魂甫定的时候，邱光华已经操纵直升机平稳地盘旋在卫星返回舱上空了。

待技术人员对卫星进行初步监测和处理后，邱光华缓缓降低高度，悬停在卫星上方 5 米处，抛索、吊挂、上提……一次性成功完成。飞机在原地吊挂悬停半分钟，指挥员确定各挂点固定紧密后，直升机吊着卫星破空而去，卫星回收任务圆满完成。

雄鹰本色

→ 家

★★★★★

作为部队飞行员，一年四季飞在天上，有很长时间在外执行任务，离蓝天很近，离家庭却很远。

有一年，邱光华的老父亲脑血栓发作，家里立即打电话给邱光华，让他赶紧回来。可这时的邱光华正在外地执行紧急任务，电话始终不通。病情很危险，一家人急急忙忙把老人送进医院，住院治疗，然后不断地给邱光华打电话，终于打通了。邱光华接到电话，犹豫了一下："我回不去，你们赶紧抢救，我愿意卖光自己所有的家产来抢救爸爸！"

因为这件事，家里有些晚辈心里对邱光华很有意见。中国人讲"百善孝为先"，老父亲病重都不能回来照顾，确实让人很难理解。老人家经过治疗，终于转危为安，醒了过来。听说这件事后，狠狠责备了他们。老人家气呼呼地说："回来看我，为长辈尽心，那是'小孝'；忠于职守，为国家做事，那才是'大孝'！你们连这都看不明白吗？光华做得没错，是好样的！"听老父亲这样说，原来不理解的人顿时备感惭愧。邱光华听说老父亲这样支持他，也很受感动，他说："忠孝难两全，是我对不起父亲啊！"

生活中的邱光华其实是个很顾家的人。小时候家里条件困难，兄弟姐妹又多，父母将邱光华抚养长大，培养成才，付出了比常人多得多的艰辛。因此，邱光华对父母极为孝顺。他不仅主动承担了父母的绝大部分赡养费，每隔一段时间还会给老人打电话，了解老人的生活情况，听听老人的絮叨。每次通电话的时候，邱光华的母亲都会反复嘱托："注意安全哪！要开慢点！"其实，天上开飞机不像地上开汽车，越慢越不安全。邱光华也不解释，只一个劲儿地应道："好嘞，好嘞！妈，您就放心吧！"逢年过节，只要任务条件允许，邱光华都要把父母接到成都来一起过。他常说："当兵的不能守在老人膝前，只能在其他方面多弥补了。"对兄弟姐妹，邱光华也很照顾，对条件困难的，还会不时给予一些经济上的帮助。三弟家的孩子考上了大学，他主动承担了大部分学费。

即使这样，邱光华还是觉得亏欠家人很多，对妻儿尤其如此。

早在谈恋爱的时候，邱光华就对李弟燕说："当飞行员的妻子不容易啊，会很辛苦。"深爱着他的李弟燕却说："爱你，就包括了你的事业。"

李弟燕知道，飞行需要全身心地投入，需要专心致志，必须精神高度集中，最忌讳的就是分心走神。所以，她从不愿意丈夫被家

里的琐事打扰，一肩挑起了照顾家庭的重任：公公婆婆病了，她得回去；家里房子倒了，她得回去；邱光华兄弟姐妹八个，邱光华是男孩里的老大，哪个弟弟妹妹有事处理不了，她也得回去；过年过节就更不用说了，邱光华飞行忙，回不去，她就一个人回去。在弟弟妹妹的心目中，大嫂不仅是这个大家庭不可或缺的一员，而且成为这个大家庭的顶梁柱，不论大事小事都要向大嫂讨主意。大哥嘛，是不管事的，就晓得他的飞机。对此，李弟燕甘之如饴，开玩笑说："很有一种大权在握的良好感觉呢！"

　　早年，邱光华弟弟妹妹小，家里经济条件十分困难。李弟燕每月存上一笔钱，半年往家寄一次，一次100元。要知道，那时他们两口子一个月的收入也超不过 100 元哪。1983 年，因为年头太久，家里的房梁断了，房子整个垮了下来。李弟燕得到消息，急得要命，却苦于拿不出钱来。最后还是找妈妈借 2000 元寄回去。那时的 2000 元可是一大笔钱，不仅把原来的房子修好了，还多建了一间。

1982 年，随着儿子邱锋的出世，压在李弟燕肩上的担子更重了。

某陆航团中尉、汽修所副所长邱锋是个相貌堂堂的男子汉，方脸，大眼，完全继承了爸爸妈妈的优点。

△ 邱光华与儿子邱锋

可小时候，却是个"病秧子"，大病小病一场接着一场，把李弟燕折腾惨了。她在商业部门工作，要么上早班，要么上晚班，孩子全靠爸爸妈妈和哥哥带。她下班回来，只要远远看见门口窗口挂满五颜六色的尿布，就知道大事不好，孩子又病了，等着她的是又一个不眠之夜。有一次，孩子患上病毒性感冒，高烧不退，半夜 12 点抱到医院打针输液，偌大个急诊室，就他们母子两人，她心里好害怕、好孤单。抱回家来，小邱峰仍不退烧，眉眼不睁，她就不停地用冰水给儿子敷额头，擦四肢。妈妈闻讯赶来，劝她说：是你的娃娃，就是你的娃娃；不是你的娃娃，你想留也留不住。她"哇"地哭出声来："我就要留住他！我就要留住他！"

当时，邱光华的部队驻在四川宜宾，天天有飞行任务。李弟燕几次冲出门，拿起公用电话，要打给邱光华，拨号拨了一半，又停了下来。告诉他又能怎么样？赶回来吗？飞行离得开吗？如果离不开，不是白白给他增添思想负担影响飞行？她咬咬牙，又回到了儿子身边。凌晨 3 点，儿子终于退烧了。

赶去上班的路上，她给邱光华打了个电话："干什么呢？"

"准备飞。"

"哦，小心点。"

"你呢？"

"我……"李弟燕差一点哭出声来，她想说："我好累，好困，好怕，好担心！"还有满腹的委屈与抱怨，然而，这一切，三言两语怎么说得完？说了又能怎么样？

她定定神："我还好，上班去了。"

"好!"

嫁给邱光华的时间长了，李弟燕慢慢习惯了这种家里大事小事一肩挑的局面，为了让邱光华安心飞行，李弟燕在儿子上中学以后就辞掉了工作，专心带孩子管家务。时间越长，她越深刻地体会到当飞行员妻子的难处。

孩子几乎是李弟燕一手带大的。邱光华跟妻子商量："以后儿子有了小孩，你不要带了，让我来带，让我奉献些。"

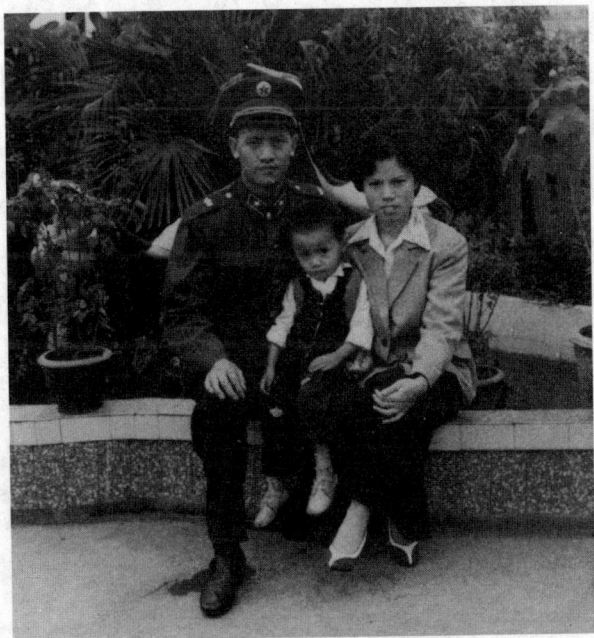

△ 邱光华与妻子李弟燕、儿子邱锋

除了要独自面对家庭重担，更让李弟燕倍感压力的是丈夫的安危。飞行员常与危险相伴，只要飞机一上天，她的心也就跟着提了起来。要是碰上飞夜航，她总要听到丈夫平安落地的消息才能安然入睡。

邱光华是所在团里最早的一批特级飞行员，也是飞行教员，我军装备的几种新老直升机都飞过，论技术，在团里当属第一流，甚至还带出了许多一流学员。对此，李弟燕自然知道。然而，飞行毕竟是个危险系数比较高的职业，尤其是地处西南战区，地形复杂，气候多变，想永远一帆风顺几乎是不可能的。邱光华驾驶直升机到西藏执行任务时就碰到过意外，当时，所有人都知道了这个消息，唯独瞒着李弟燕，李弟燕居然还真的没发现。

一天中午，邱光华打来电话，口气跟平常一样："你在干啥?"

"上班啊!"

"我明天就回来了。"

李弟燕很惊喜："这么快就回来啦! 我给你烧红烧肉!"

"好!"

她放下电话，忙不迭地告诉父母、哥哥。

哥哥问："真的要回来了?"

"真的。"

"是不是光华亲自给你打的电话?"

"是啊!"

"那就好，那就好啦!"

李弟燕听得不对劲，追问道："咋个回事? 你们有啥子事瞒着我？"

哥哥这才告诉她："光华已经失踪三天了。"

李弟燕大惊："什么！你们为啥子不告诉我？"

"这是组织上安排的，怕你着急。"

李弟燕急得在屋里打转。中午，邱光华回来了，是战友们把他搀进屋的，脸色苍白，人也瘦了一圈。在这次事故中，他断了三根肋骨。幸好获救及时，群众们抬着担架走了一夜，才把他从雪山上送下来。

△ 邱光华与祖母、妻儿合影

因为这件事，李弟燕自责了许久，丈夫在生死线上挣扎的时候，当妻子的居然一无所知。她揪住邱光华的衣袖："以后不管有什么事，你都要告诉我，最早告诉我！好不好？"

"好！"

她久久地瞅着躺在床上的丈夫，几次欲言又止。

邱光华一眼看穿了她的心思，笑笑说："你呀，是不是想叫我改行？"

李弟燕不吭气。

这话她在心里盘算了很久，就是说不出口。其实，即使说出来，邱光华会听吗？她能在所有事情上当家做主，唯独在这个问题上，她得听邱光华的。飞行，是他的事业，是他的命，是他倾注了全部心血的所爱！她甚至无法想象，一旦不飞行了，邱光华会变成什么样子。

邱光华早就告诉过她：他是羌族第一个飞上蓝天的人。1974年，重病中的周恩来总理指示，人民空军要在少数民族中招收一批飞行学员。正读高中的邱光华这才有机会走出大山，又经过组织的精心培养，才最终成为一名直升机飞行员。"羌族是生活在彩云之上的民族，可是，真正飞在彩云之上的只有我。我只要有一口气，就要飞，飞到不能飞了，组织上让我停飞为止。"

→ 鹰爸爸

★★★★★

作为陆航团的"拓荒牛"，邱光华付出了自己宝贵的青春和无悔的年华，他把自己多年来积累的丰富飞行经验无私地传授给一批又一批年轻飞行员，在历任飞行大队副大队长、大队长后，为鼓励年轻人多多锻炼，2005 年 4 月，他主动要求从领导岗位上退下来，成为一名副师职老飞行员，全心全意做好一名老教员的传帮带工作。他亲自带教的 43 名"徒弟"中，有 13 人已能够进藏执行任务，成为部队骨干力量。

在教学方面，他有着独到的慧眼和不厌其烦的耐心。每传授一个动作，他总要亲自示范，新飞行员一遍没看懂，他就做两遍，两遍看不懂就三遍……直到完全理解为止，然后再由新飞行员自己尝试，他在一旁辅导、纠正，一遍遍地讲评、引导……他最大的心愿就是尽快把年轻飞行员培养成熟，总是千方百计把自己的技术传授给每名

学员。上课辅导的时候，飞行训练的时候，平时聊天的时候，邱光华多年的飞行经验像潺潺流水般融进年轻飞行员心里，铸就他们日后翱翔蓝天的扎实本领。

邱光华所在陆航团直升机经常满载物资飞往高原地区，而目的地海拔比起飞机场要高，发动机在降落时功率会有所降低，容易造成直升机失控，发生危险。邱光华专门研究了这个问题，在聊天时就与年轻飞行员进行探讨。他告诉年轻飞行员，遇到这种情况，在高空可以试探性消速，补总距模拟下滑着陆，看直升机功率是否充足，如果捉不住，可以握住推杆增速退出下滑，经过这样的尝试，着陆时就能做到心中有数，从容应对。年轻飞行员经过几次尝试，感觉这是一个十分有效的方法，增强了他们完成任务的能力，极大地提升了安全系数。

看着一个个年轻同志在他的带教下成长起来，邱光华感到由衷的高兴，他开心地说："我最大的心愿，就是自己的辛勤耕耘能够换来陆航团桃李芬芳。"

作为一名飞行教员，他对所教学员有着非常严格的要求，每遇第二天有飞行，他总会把要上天的年轻飞行员叫到房间里进行飞行准备，理论讲解、要点提示、答疑解惑……直到年轻飞行员心里形成了一个完整的系统，做到胸有成竹后才算结束，才可以进行第二天的飞行。对训练中的每一项指标，他都严格把关，绝不含糊。

有一次，他带教的一名新飞行员进行了飞行训练。总体来说，这名新飞行员完成得不错，只是在最后降落过程中没有把握好落点，稍稍偏出了一些距离，相对于宽阔的机场，这点偏离并不会对安全造成什么影响。新飞行员自然也没有把这点瑕疵放在心上，发动机一停，他就兴冲冲地向邱光华"献宝"，想让"师傅"为自己的进步高兴一下。没想到，当他满怀喜悦地转向邱光华时，看到的却是一张表情严肃的脸。

"刚才的降落是怎么回事？"邱光华的语气带着些责备。

"啊？"新飞行员一时还没反应过来，"哦！您说降落啊，很顺利啊，偏差很小！"他并没有觉得这点偏离算是问题。

邱光华的语气顿时严肃起来："一点点是多少？1米还是2米？在机场上你感觉没什么，到了野外，一块石头就能让飞机侧翻！你当这是小毛病吗？"

这名新飞行员一听，脸顿时就红了，连头也低了下去。

"飞行无小事，这个观念一定要刻到心里去。"邱光华接着说，"不过，除了这儿处没掌握好，其他方面的操作确实不错。小伙子，进步很快啊！"

邱光华的讲评既准确无误地点出了不足，又拿出做得好的方面给予充分肯定；既促使新飞行员养成严谨细致的习惯，又照顾了年轻人的心理，激发了自信心；既在情，又在理。

新飞行员立刻找准了问题，摆正了态度，说道："我明白了，您放心，下次我绝不再犯同样的错误。"

夏季飞行时，机舱内温度有时高达40℃，活脱脱一个蒸笼，普通人光是待在里面就会难受至极，更别提操纵飞机了。新分配的飞行员中，有很多自小娇生惯养的独生子弟，热得直喊受不了。邱光华却从不叫苦，甘之如饴，他在用自己的行动为新飞行员做表率。任凭汗水浸透了飞行服，他都是恍若无事地操纵飞机、讲解要领。看见年龄和自己父亲差不多的邱光华都没说什么，新飞行员心里的退堂鼓也就怎么也敲不响了。

邱光华带教过的飞行员刘兵说："邱大队长的技术非常棒，起飞平稳，着陆很轻，动作也十分柔和。而比他的技术更令我折服的，是他身上的可贵品质。他不仅是个教员，更像一个长辈，关怀着我们的一点一滴。"

邱光华把年轻飞行员都当作了自己的儿子，不仅在带教飞行上尽心尽力，在生活上也特别关心。他经常对年轻飞行员讲："飞行员是一个高风险职业，在飞行时要全神贯注，注意力分配全面；在业务上要精益求精，来不得半点马虎；在生活中要劳逸结合，注意休息。"他曾经打过一个比方，说："人就好比一台机器，如果一直工作，势必磨损增大，干不长久。只有休息好才有充沛的精力完成飞行任务。"

北方青年刘兵毕业后刚到四川时，对这里阴冷潮湿的气候极不适应，总是感冒生病。邱光华对此特别关心，除了经常提醒他要多加强运动增强体质外，还教了他很多生活小窍门，比如在潮湿环境下怎么保健等。

自小过惯了苦日子的邱光华在生活上一向节俭，平时连一件贵重点的衣服都舍不得买。可当他听到大队一名飞行员的孩子患病没钱医治时，立即带头捐了1000元，是捐得最多的一个。不论听到哪位飞行员有困难，都要帮忙出点子，想办法。有时候，飞行员休假回来，还要专门到他那里落脚住一宿。

"他最不喜欢家务事，但只要是部队里的娃娃过来了，他就开始洗碗、捡菜，装得有模有样的。"邱光华的妻子李弟燕说，"他们就说：'邱阿姨，邱叔叔真好，什么都干哦！'我就说：'你们不知道，他可从来不干这些，你们来了，他做样子的！'邱光华就在旁边没皮没脸地呵呵傻笑。"

邱光华从事飞行工作多年，几乎见证了他所在陆航团从诞生到成长的全部历程，为陆航事业贡献了毕生心血，对这个集体怀有深深的感情。即使是从领导岗位退下来后，仍然挂心团队建设，利用自己丰富的经验和在官兵中的威望，为单位建设献计献策，出工出力。2007 年，团里组织飞行整顿，由于新任大队长和教导员对情况不熟悉，工作经验相对缺乏，在组织讲评时，没有把握好方法和分寸，现场对飞行员小杜进行了很重的批评。小杜当场顶撞了教导员和大队长，使两位主官陷入被动。

这时，邱光华站了起来，以一名老同志的身份批评了小杜。邱光华对小杜说："你在大会上不能顶撞大队领导！这是你的不对，你有意见，觉得批评欠妥，可以会后找大队领导谈心嘛。"及时化解了矛盾。大队长和教导员都由衷感激邱光华对他们工作的支持和帮带。

→ 高尚人格

★★★★★

执行墨脱救灾任务期间，由于道路封锁，"孤岛"墨脱物价陡增，连盐巴价格都是平时的好几倍。这也引起了一些生意人注意：发财的机会来了！可东西运不进去，怎么办？这个时候，沟通墨脱与外界的唯一通道就是直升机，他们打起了救灾飞机的主意。

这天，一位姓林的老板来到机组，找到机长邱光华："飞机能不能帮忙捎带 10 件香烟进去？大家五五分成。"这是一笔可观的买卖。带一趟香烟可净收"好处费"几万元。

邱光华回绝了林老板的"好意"："对不起，我们是救灾的，不是经商的。"林老板以为嫌钱少，边递烟边说分成比例可以再商量，并表示愿意为机组人员在藏期间提供"低价"生活用品。

邱光华再次予以拒绝："如果是政府给灾民调运的物资，再多我们都运。如果是私货，一件也不行。"林老板只好悻悻而去。在抢险救灾的 150 多天里，机组来来往往运送物资几十吨，没有捎带一件调拨外物品。墨脱、波密等地土特产也很丰富，同样没有人违规带出过一件。

2003 年夏季，邱光华受命驾驶直升机飞赴贵阳执行《林城天地间》航拍任务。这次任务只来了一架飞机，邱光华既是机长，又是任务分队带队领导。当地电视台特地给他安排了高档宾馆，飞行间隙还非要给他安排旅游和消费娱乐等，都被邱光华一一拒绝，他始终坚持跟机组人员吃住在一块，带领机组加班加点，科学指挥，提前完成了任务。回到团里，有人笑他傻，有钱不挣、有福不会享受。他却说："地方搞经济建设，我们要支持，不应该拖后腿。"

在生活习惯上，邱光华始终保持着艰苦朴素的革命作风，把责任、使命——而不是待遇、享受——放在第一位。

随着地方经济发展和民用直升机的增多，直升机飞行员越来越成为抢手的稀缺人才，不少地方老板盯上了邱光华。每次，邱光华

△ 邱光华在执行《林城天地间》航拍任务

都是相同的回答："我是军人！"简短而干脆。

金钱面前不动心，绝不是邱光华很富裕。事实上，刚好相反，他很缺钱。上有八旬老父老母，中有七个兄弟姐妹，其中有五个家境不好，常需要他接济；下面还有儿子需要抚养。在飞行学院学习时，每月生活津贴才 8 元，他却要给家里汇 5 元。为了省钱，他节俭到了近乎苛刻的地步，这种习惯陪伴了他一生。

在自己身上，邱光华从不乱花一分钱，但当他人有需要时，邱光华却是出奇的"大方"。

2007 年，一名飞行员的女儿由于动大手术需要花费一大笔钱。该飞行员家庭条件很一般，在小孩前期的治疗中，就已经花光了所有积蓄债台高筑了。正在他一筹莫展的时候，邱光华和几名老飞行员在全团发起了向战友捐款的活动。邱光华在自家并不宽裕、家属无工作的情况下，一下子拿出了 1000 元，是捐款额度最高的人之一。

5·12 地震后，团里组织向灾区人民献爱心，同时明确，由于家在灾区的官兵本来就是受灾对象，可以不参加捐款活动。但邱光华还是捐了一大笔钱，有人问他："你家受灾那么严重，捐啥钱嘛？"他说："我从灾区上空飞过很多次，惨不忍睹啊，我家那点困难根本不值一提。"

在交纳特殊党费时，邱光华摸遍了身上的口袋，也没翻出多少钱来。这是因为很长时间没回家，身上的钱逐渐花光了。战友们劝他："你自己就是灾民，捐钱也捐不少了，这回就少交点吧！"邱光华却说："我

△ 邱光华驾机赴墨脱帮助困难群众运送农产品

是老党员，这种时候谈什么特殊情况。"特地让家属把钱送到部队来，郑重上交了1000元特殊党费。

邱光华在他的一生中，从来没有放松过对自己的要求，总是以一名军人、一名党员的身份提醒自己。儿子邱锋入伍后，这种要求也被延续到了下一代身上。

在团里，邱锋的职务比较低，一起毕业的同学都调职了，只有他原地不动。团长和邱光华一样，是同为羌族的第一代少数民族飞行员，两人既是老乡又是同学，感情非常好。有人向他建议："不如去找找团长吧，你们关系这么铁，请他照顾照顾你儿子肯定不会有问题。"邱光华想都没想，直接严词拒绝了："感情归感情，工作归工作，邱锋要想进步，就应该靠自己的努力！我和团长都是靠党的关怀成长起来的，这种违反原则的事情绝不能做！"

在邱光华眼中，家就是家，工作就是工作，个人感情就归个人感情，岂能混为一谈。但在另一个方面，邱光华的单位和家却又是一体的。三十多年的戎马生涯，邱光华早已把部队当成了自己的家。在他寝室外面，花草掩映，绿树成荫，其中很多就是由他亲手栽种，有些甚至是他从自家阳台上搬来的。大队门口的那棵银杏树，身姿挺拔，枝叶繁茂，衬托得整个营区生机盎然。据邱光华的战友们说，这棵银杏也是出自邱光华手下，是他在凤凰山的苗圃里精心挑选后自己掏钱买回来种下的。

真心地把自己当作其中一员，邱光华为陆航团这个大家庭倾注了毕生的心血。

临危受命

→ "我是周总理选的飞行员"

★★★★★

2008 年 5 月 12 日 14 时 28 分，四川省汶川县地底深处，地壳中积蓄的相当于数百颗原子弹同时爆炸的能量在一瞬间喷涌而出。霎时间，山崩地裂，江河辟易，整个世界都开始剧烈地晃动起来。地震波自汶川向四面八方迅速传播，如地底伸出的魔鬼巨手，将数十万平方公里的地域笼罩在恐怖与战栗之中。

"地震!"感受到脚下的强烈震动，正在准备下午飞行的邱光华心脏剧烈跳动起来，"家里怎么样了? 父母、兄弟、姐妹们还好吗? 妻儿又在哪里? "电话打不通，外界情况一无所知，忧虑撕扯着他的心。

但邱光华没有更多时间考虑这些，作为团里德高望重的老飞行员，他一面安抚大家情绪，一面提醒做好飞行准备，以应对即将到来的救灾任务。他清楚，如此强烈的地震，必然对道路桥梁造成严重破坏，造成一些地区交通中断——战鹰为人民效力的时候到了。

震后 3 分钟，该团启动应急预案。震后 5 分钟，值班领导下达了灾后第一道命令：取消下午训练科目，一级战备。

所有飞行人员紧急集合，进入临战状态，各机组就地摊开航线图，研究可行方案。与此同时，数百名机务官兵跑步进入机场。震后 15 分钟，官兵们在强烈的余震中手推肩抵，推出了机库中全部直升机，撤蒙布，查油量，迅速检查直升机状态，用最短的时间完成了机务准备，所有机组进入待飞状态。震后 60 分钟，陆航团接到上级命令，四架直升机腾空而起，奔赴灾区勘察灾情……

望着战友驾驶的战鹰逐渐远去，邱光华心中忧虑未能稍减，但好歹还是多了一份希望。从广播里邱光华已经得知，这次地震非同小可，连远在千里之外的湖南都有明显震感。电话还是打不通，灾区的亲人杳无音讯，家里的老房子能扛得住吗？亲人们又是否平安……邱光华摇摇头，把牵挂埋在心底，又回到地图前，和战友们一起讨论飞行方案。邱光华心想，等勘察任务的飞机传回灾区情况，他肯定是要立刻投入救灾的，时间耽搁不得。

"希望你们都能平安！"他在心头默默祈祷。

很快，第一批救灾机组人员名单下来了，邱光华一看，立马急了："怎么没我的名字！"

原来，团党委考虑到邱光华再有半年就将停飞待退，并且家乡就在地震重灾区茂县，父母和兄弟都生死不明，并没有把他列入最早的救灾机组人员名单，而是作为地面指挥员。

邱光华丢下名单，一路小跑跑到团长余志荣的办公室，直接质问道："团长，凭什么不让我飞？"

"你家里……"

"我家里怎么了？你老家汶川还不是没有消息？"邱光华没有让余团长说完就打断了他。看着眼前和自己共事了三十多年的战友，余团长实在不知道该说些什么。

邱光华接着道："这一代地形复杂，我经验比较丰富，应该到最前线去，而且，我还能多带带年轻同志，让他们尽快成长起来。"

磨完了团长，邱光华又跑去磨政委。"地震来得这么凶，团里家在灾区的战友将近一百人，我又有什么好特殊的。"邱光华陈述起理由来像连珠炮一样，"退休，退休，这算什么理由？我这不是还没退吗？这一带我飞了几十年，闭着眼睛都能找到路，眼下正是最关键的时候，我却不飞了，算咋个回事嘛！政委你倒是说说，还有谁比我更熟悉情况？"

经不住老邱的软磨硬泡，团党委最终同意了他的要求。这只已经在祖国的蓝天上翱翔了三十多年的雄鹰，终于得偿所愿，再次披挂上阵，飞向他牵挂的灾区人民。

利用救灾任务的短暂间隙，一位记者来到飞行员休息的大巴上，要求采访"救灾英雄"，大家不约而同地把目光投向了年纪最长、飞行经验最丰富、完成任务最出色的邱光华。在整个采访过程中，邱光华显得非常平和，即便是在说家里受灾情况时，他也一直保持着惯有的那种微笑，镜头前看不出他情绪上的任何波动。只有当他提到自己是周总理亲招的第一批少数民族飞行员之一时，才显露出一种强烈的发自内心的自豪。

记者问:"您飞了这么多年,马上就能停飞待退、'功德圆满'了,听说一开始也没有安排您参加这次任务,为什么您还要再冒险呢?"

他说:"作为一名军人,作为被周总理亲招的第一批少数民族飞行员,要对祖国做一点贡献。看到老百姓的房子倒得那么严重,多救些人对我们也是一点安慰,所以不考虑自己的事,在人民群众遇到危难的时刻,就该我们冲锋陷阵,豁出命来也要飞行!"

→ 架起灾区的生命通道

★★★★★

邱光华永远忘不了第一次飞临灾区上空看到的惨烈景象——城市面目全非,废墟比比皆是,街道上挤满了惊慌失措的避难群众,被恐惧和悲恸所笼罩的人们徒劳地哭喊着……祖国在哭泣,人民在流血!邱光华震惊了,在巨大的灾难面前,他心中只剩了一个念头——救援! 救援! 救援!

灾情就是命令! 自 5 月 12 日开始, 凤凰山机场每天被直升机引擎的轰鸣声、救护车的呼啸声所笼罩。该陆航团直升机几乎倾巢而出, 往返各重灾区, 机场上的气氛紧张而凝重。

5 月 13 日凌晨, 邱光华受命前往灾情严重的绵竹输送物资, 十多架满载着灾区群众急需药品、食品、通信设备的战鹰腾空而起, 在巨大轰鸣声中, 向重灾区飞去。

在被地震夷为废墟的灾区上空, 邱光华稳定情绪, 双手紧握操纵杆, 在崇山峻岭中反复穿梭, 最终将直升机稳稳降落在一处空旷的农田上。上百名受灾群众一齐赶到机降点, 急切地搬运从天而降的食品。对这些与世隔绝、断水断粮的灾民而言, 这是真正的"救命粮"。对于埋在废墟中的人们来说, 或许仅仅是那旋翼的声音, 就可以鼓励他们再坚持一个小时、两个小时……有些群众甚至激动得跪倒在地, 双手合十, 含着热泪向"神鹰"祈福致谢。年逾古稀的老人跟跟跄跄走到官兵面前, 拉着机组人员的手说:"没想到这么快就能吃到子弟兵送来的救命粮, 共产党好啊! 解放军好啊!"但邱光华却满怀歉疚:"乡亲们, 让你们受苦了, 我们来晚了!"

5 月 14 日, 映秀告急: 数以千计的伤员亟待转运救治。

时间就是生命! 陆航团立即开辟空中"120"急救通道, 让成百上千的伤员与死神赛跑。邱光华驾机直飞映秀。经过 35 分钟的飞行, 直升机降落在映秀镇一块空旷的平地。等待在此的 6 名重伤员被迅速抬上飞机, 转运至成都进行抢救。一条穿越灾区的"生命桥梁"被搭建起来, 在这座"救命桥"上, 邱光华每天都要飞行数个架次，将一个个危重伤员从死亡线上拉回来。

灾难的来临，不仅使震区的人们陷入水深火热，全国人民也都在深深牵挂着这里。对于那些等待在地震中失去亲人消息的人们来说，这样的牵挂尤其让人揪心。

一张张焦急的脸庞被往返灾区的邱光华看在眼里，这种煎熬，令同样是家人杳无音讯的他感同身受。

"我一定要做些什么！"

于是，在沉重的物资运送和伤员转运任务之外，邱光华又毅然承担起了传递生命信息的责任。每当邱光华驾驶直升机降落在灾区，十里八乡的群众就会涌上来，将一大堆写满亲人姓名和联系方式的纸片、烟盒、包装袋塞到他手里，再三嘱咐，请求与家人联络，报一声平安。这个时候，邱光华都是来者不拒，一面把这些零碎但重逾千斤的信息小心收好，一面温言安抚情绪激动的群众，保证一定将消息送到。

下了飞机，尽管已非常疲惫，他还是会拿出这些纸片，一个一个地帮灾区群众报平安。大家问他这样辛苦是为了什么，他说："在飞机上我抢运伤员，飞行结束后我让他们家人安心。"多么朴实的话语，多么感人的语言。

一位母亲听到儿子在汶川平安的消息后，激动地哭喊着，硬要到部队感谢亲人解放军。

5月17日，地震发生已经几天了，迅速动员起来的救灾部队已经在绝大多数受灾地区展开救援。但重重大山之中，还遗留了许多的村寨和散居群众，光映秀镇附近就有58个偏僻乡镇和村寨没有救援部队到达。救灾物资送不进去，危重伤员救不出来，数十万群众受困深山，他们是救援最难够及的地方，也是救灾行动最大的难点。

哪里有生命需要拯救，哪里就有"神鹰"矫健的身影。陆航团所在集团军军长毅然下令，直升机采取"蛙跳式跃进"，穿越高山峡谷，要将救援部队投送到每一个乡村。

这些地面部队无法够及的"绝地"，即使是对直升飞机而言也绝不是瞬息可至的坦途。所谓"偏僻村寨"，往往都隐藏在交通极其恶劣的重重大山之中，飞往那些地方，就意味着高山峡谷，就意味着云笼雾罩，就意味着紊乱气流……只有最优秀的飞行员才能担当这样的重任。邱光华，又一次成为救援行动的排头兵。

银杏、卧龙、耿达、草坡、陶关……每一个偏远村镇都回荡着直升机的轰鸣声，一支救援队伍被直升机输送到四面八方，食品、药品等救灾物资源源不断地运进每一个村寨。

5月23日下午，汶川耿达乡告急：一批危重伤员急需转院治疗！耿达乡地处峡谷之中，地形复杂，加之下午河谷风特别大，飞行降落非常危险。但为了抢救受灾群众的生命，邱光华毅然驾机出动。

飞机穿行河谷，在风沙中小心寻找降落点，最终顺利将8名重伤员安全运回成都，送抵四川省人民医院抢救。从飞机起飞到伤员送到医院，只用了不到两个小时。

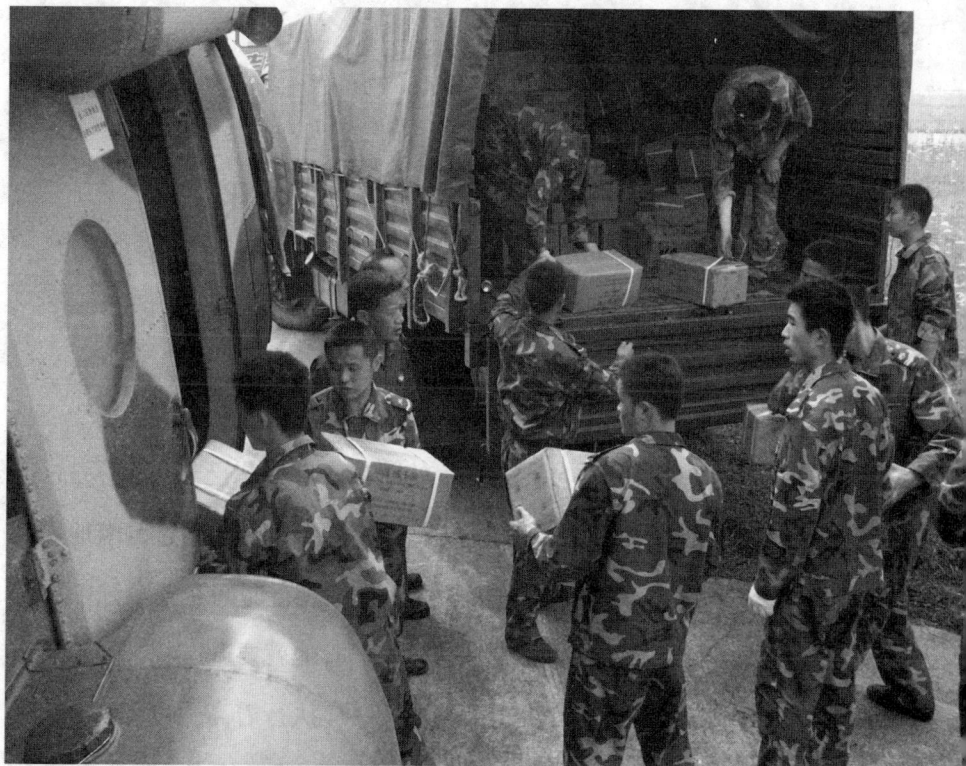

△ 邱光华在指导地面保障人员装载救灾物资

　　自 5 月 12 日以来，在 19 天的救灾行动中，机长邱光华率领机组，连续执行复杂地理、气象环境条件地区抢运受伤群众和运送救灾物资任务，共飞行 63 架次，运送物资 25.8 吨，运送救灾人员 87 名，转移受灾群众 234 名，在灾区上空架起了一条生命通道。

→ 超越极限的飞行

★★★★★

地震发生的时候，邱光华已经飞行了33年，为江泽民总书记驾驶过专机，参加过云南地震和雪灾的救灾工作。他的飞行时间在整个陆航团都是前几名。再过几个月，他就要退休了。救灾期间，他和其他年轻机长一样执行着高强度任务。清晨6点就出发，有时工作到晚上8点。每次执行完一趟任务回到机场，他就赶紧到停机坪上的大巴里休息，恢复体力精力。他说："在这种大灾面前，我们老飞行员要是稳不住军心，对年轻飞行员的影响肯定比较大。"邱光华的家离机场很近，还不到一公里。但自12日地震以后，他从没有回过家，吃住都在部队的帐篷里。

参谋长杨磊说："贴着大山飞行，1小时所耗的精力，相当于平时飞4小时。"按照条令规定，他们每天的飞行强度应该在 6 小时以内，而这段时间里，飞行员们平均的空中飞行时间多达 8 至 12 个小时，在一位特级飞行员的记忆中，这样大强度的飞行，从未有过。

接受记者采访时，邱光华说："这次救灾对陆航团就像是战争。平时训练的时候，每次起飞前需要一个小时做准备。这一次，从拿到任务书到起飞最短 5 分钟，最长 10 分钟。很多时候都是只知道飞行高度就出发，上天以后再自己观察天气和地形条件。"

这次地震，越是山区，受灾越重，交通越困难，也就越是需要直升机参与救援。采访中，他连说了两句"相当恶劣"来形容当地的气象和地形条件。他说："峡谷里的气流是扰动气流，也就是气流不稳定，风是乱的，这样的气流会破坏直升机的空气动力结构。一旦遇到这种气流，飞机就容易出事故。如果直升机的螺旋桨刮到山谷间的电线，那就一定会机毁人亡。"

直升机起飞时，飞行员却没有任何相关资料。峡谷里的气流是怎样的，哪里有电线，是否能够降落，降落在什么位置等一切问题都只能靠机组人员用眼睛观察，没有任何的辅助设施。他说："每次飞行，机组所有人都精神高度集中，在天气和地形的极限条件下，将飞机性能和操作技术发挥到极致。"每次飞机起飞前，邱光华都要提醒大家："沟里风向变化太快，一定要注意高度……降落的时候眼睛放尖点，千万把电线找准……"

邱光华的战友、飞行员杨素强说："这条航线风向变化特别快，有时突然飘来一朵云，直升机就像扎进雪堆里，什么都看不见；有时大风扬起灾后废墟的尘土，弥漫满天，只能立即爬升拉高，否则什么也看不见，但在如此险恶的环境里，直升机甚至没有足够的空间爬升。这样的难度堪比青藏高原，从某种程度上说更难。青藏高原地形虽然险要，但如天气不好，我们可以等；而这次，我们等不及天气转好，我们所有人都像老邱一样，一心想着多送伤员、多运物资、多给灾区群众一点生的希望。"

5月15日，邱光华在执行青川空运救灾物资任务，到达目标上空时，地震损坏坍塌的建筑几乎覆盖了所有地面，很难找到合适的着陆场，有人建议将救灾物资直接投下去，邱光华考虑了一下，没有同意："那怎么行？这都是灾民用来救命的东西，摔坏了不得了。"他驾驶直升机反复盘旋，长时间悬停，与机组成员一道反复观察，沉稳操作，经过多次试探性悬停着落，终于发现一块不足200平方米、由几块大石头拼成的平台。

"咱们下去试试。"邱光华操纵直升机缓缓地移动到平台上空，一点一点下降高度，机轮微微晃动着接近地面。

"快拉起来！"在后舱观察降落情况的空勤机械师突然喊道。邱光华立刻提起油门变矩杆，发动机轰鸣声骤然加大，刚刚还在缓慢下降的直升机一下"弹"了起来，继续悬停在平台上空。原来，机轮下方正好是两块大石头衔接处，有一条十余厘米宽的裂缝，如果贸然下降，机轮卡进缝里，很可能导致飞机倾斜侧翻，后果不堪设想。

稳了稳心神，邱光华长舒了一口气，轻声喝道："再来！"

就这样，经过反复的试探性降落，终于准确地将直升机降落在平台上，将救命水、救命粮完好无损地送到了灾区人民手中。

　　5月26日，邱光华开进汶川运送伤员，降落的峡谷仅百米多宽，五道高压线挡在航路上，地面是一片沼泽。直升机高速旋转的桨叶自身直径就长达30米，再加上气流的扰动，在这样一个被高压线切割得支离

△ 连夜出击

破碎的狭小空间中飞行，简直和走钢丝没什么两样。稍有不慎，哪怕只是旋翼略微"刮蹭"一下高压线，那就是机毁人亡的后果。同行的飞行员刘乃文回忆说："真是感觉时间都变慢了，手心里全都是汗！我看了一眼老邱，他也是绷紧了神经，眼睛眨都不眨一下。"

转向、侧滑、拉升、降落……每一个动作都只有一次机会。邱光华凭着33年来一次次征服死亡航线的经验，空中盘旋20多分钟，悬停9次，终于找到一个刚能容纳直升机的小平台，驾驶直升机险之又险地着陆成功。

还有一次，直升机两台发动机转速差高达10%，温差120℃。按照该型直升机技术参数，转速差只要超过2%，温差超过50℃，就说明发动机出现故障，这种情况，几乎接近单发山区飞行，情况十分危险。邱光华冷静地握紧操纵杆，固定总距杆，操纵直升机安全返回本场并滑行着陆，保证了机上近20名伤员和机组人员的安全。

由于受灾面积广、灾情严重、交通困难，直升机在很多时候不仅是实施有效救援的"快捷方式"，更是"唯一选择"。再加上性能关系和山区飞行，限制了直升机每次出动能够运载货物和人员的数量，飞行员们只能通过"少拉快跑"来提高救援效率，使每名飞行员的压力大大增加。

就这样，在飞机各种参数接近临界值、通信联络不畅的情况下，邱光华一次次冒着生命危险，穿越气流极不稳定、高压线纵横交错的深山峡谷，飞赴汶川、青川、北川、茂县、映秀、汉旺等重灾区，抢运伤员、运送物资。

→ 数过家门而不入

★★★★★

　　邱光华的房间里，书桌左侧是一摞绿色封皮的飞行日记，折放在书桌另一侧的字条上，密密麻麻记录了十多个电话号码。在地震刚刚发生的那段日子里，这张字条总是伴随邱光华直到深夜。

　　他拿出电话，从第一个号码开始拨起。

　　"对不起，您所拨打的电话暂时无法接通……"

　　然后拨第二个、第三个、第四个……得到的都是同一结果。

　　通信中断的那些天里，面对同事们的安慰，邱光华总是喃喃低语："什么消息都没有，估计没希望了……愧对老父老母啊！"

　　邱光华的家在茂县，离震中汶川很近，直线距离也就五六十公里。家里还有父母和两个弟弟等多名亲人。地震以后，通讯中断，没法了解家里情况的他心急如焚。地震第二天，邱光华接到命令前往北川、绵竹和都江堰侦察灾情。没有过多考虑，10分钟以后，他便带领机组人员起飞了。这一天他还是没有得到任何关于家乡和亲人的消息。邱光华说："这是天灾，没办法，我只能干着急，帮不了家里，当地政府会尽力的，我能做的就是救灾。"

当直升机飞越满目疮痍的故乡，邱光华眼中是否有泪？当机组从灾区接出一批又一批伤员，他又是否在人群中寻找过白发的双亲？

5月14日，邱光华奉命前往家乡茂县侦察灾情。当他飞到茂县上空，家乡已是满目疮痍。他想："完了，我家全完了，人肯定被埋在下面了。"落地后，他见到了带人前来向部队汇报灾情的弟弟。弟弟告诉他，家里房子都垮了，年近80岁的父母住进了窝棚，好在父母亲人都活着。邱光华终于安心一点——这时已是地震发生后的第三天。

每次经过茂县上空，邱光华都会朝着家的方向深深望去。作为父母的儿子、弟弟妹妹的大哥，他没有办法清除心中的那份牵挂——他们，过得怎么样了？他强迫自己把这份挥之不去的忧虑埋藏到心底，毅然扛起救灾的千斤重担。

救灾过程中，邱光华曾多次飞越家乡上空。大禹治水三过家门而不入的故事，已成为千古佳话，对直升机飞行员来说，实现回家的愿望并不是什么难事，只需操纵飞机稍微拐个弯，轻轻一落地——短短两三分钟足矣。但是，邱光华却从未这样做过，处在灾难中的亲人抬头只能看见邱光华所驾飞机匆忙的、一闪而过的身影。

因为地震，家乡断电了，邱光华在成都买了一台发电机，却迟迟无法送到家人手里。一次抢运伤员时，机降点距家不足800米，在等待升空的间隙，他仍然没有离机回家。很多次他都有条件用直升机把这台发电机带回家里，可是，他始终没有开这个口，直到今天，这台发电机还放在他的宿舍里。

其实老人一直夸儿子孝顺，因为他每年都会把父母接到成都去过年；其实邱光华家里的八个兄弟姐妹，都视他为家里的主心骨、顶梁柱，三弟的孩子在成都上大学，学费都是他交的；在亲人眼里，邱光华更是他们的骄傲。虽然在家人最需要的时候，这根"顶梁柱"实际上根本无法回来为他们撑起家庭的重担，他们却始终不曾改变这样的看法，因为他们知道：这根"顶梁柱"，为所有的灾区群众撑起了一片生命的天空。在邱光华和他的家人心里，自己的小家永远是托庇在这片天空之下的。而当这片天空的宁静遭受威胁时，他们中的每一员，都要为之贡献自己的一份力量。

刚刚得知家人受灾情况后，邱光华就跟家里人说，要积极开展自救，不要给国家添麻烦，要想办法因地制宜地搭建简易房，从废墟里及时抢救一些粮食出来，还要及时抢收补种。他告诫兄妹，在关键时刻，兄妹间要更加团结，照顾好年迈的两位老人，渡过眼前难关。

5月20日，邱光华机组飞赴茂县空投物资。晚上，他弟弟打来电话，电话里的声音略显兴奋："大哥，告诉你一个好消息，今天飞机给咱们这儿投了不少帐篷，咱们家人多，政府一下子分了两顶，这下终于有地方住了！"

"太好了！"邱光华听了也是一喜，家人的困境始终是他的一块心病。特别是老人，年龄大了，挤在窝棚里实在是太遭罪。但马上，遍飞灾区所见的种种惨状涌进脑海，大批的灾区群众无处可居的状况更是令他忧心。

"现在的情况，乡亲们都很困难啊！还有好多人连窝棚都没得住，咱们家有了帐篷，境况就算很不错了。虽然人多了些，但一顶帐篷是不是也能挤挤……"邱光华缓缓地说。

电话那头是短暂的沉默，邱光华以为弟弟不愿意，还待再劝，弟弟说话了："大哥，你说的我懂！帐篷是党和国家给的，是全国人民援助的，我们要感恩。这么大的风浪都过来了，挤挤又算得了什么。我这就回去退掉一顶帐篷，让政府把它转给更需要的人！"

邱光华心里一块石头落地，连说了三个"好"。又聊了一会儿，邱光华还是放心不下家里的老人，再三嘱咐："老人都八十多了，条件差了些，你们一定、一定、一定要把他们照顾好。"

邱光华的儿子邱锋也和他父亲一样，在陆航团工作，任汽车修理所副所长。由于人员紧缺，原本只负责组织汽车修理的他主动要求当先锋、打头阵，为救灾出一份力。邱光华得知后很是欣慰，为自己的儿子感到骄傲。

救灾中，邱锋主要担负的是物资输送任务，经常搭乘直升机到灾区投放救灾物资，转运伤员。5月23日，邱锋搭乘的正好是由他父亲驾驶的直升机，在完成了必要的准备工作和交接手续后，副驾驶李月开他们玩笑："哎呀，这不是上阵父子兵嘛！"机组成员都笑了起来，父子俩相视微微一笑，没有多说一句话，因为他们知道，灾区的群众还在等着。

→ 天地悲鸣

★★★★★

5月31日上午，天气晴朗，是个适合飞行的好天气。直升机必须抓住机会，把救援人员和物资送到每一个角落。当天，陆航团出动飞机20架，邱光华是其中的主力。

12时30分，成都军区抗震救灾联合指挥部下达命令，某陆航团派出3架直升机从成都凤凰山机场起飞，运送第三军医大学防疫专家到理县，返程时转运部分人员。

在通往映秀的道路还没有打通时，救援工作

主要依靠直升机进行。有关专家指出，进入映秀的航路非常危险，是典型的"两山夹一沟"，两山之间气流对流非常剧烈，部队是冒着生命危险展开救援的。

刚刚飞行完两个架次，正在吃午饭的邱光华一听有任务，一边加快了速度，把大碗的米饭三下两下扒进空空如也的肚子里，一边招呼搭档的副驾驶李月，抓紧进入情况，按时进场领受任务。

13时15分，30名防疫专家分别登机完毕，直升机得到指挥塔台指令，呼啸着向理县方向进发。

岷江大峡谷，风和日丽。偶尔的碎云点缀着峡谷，这是参加救灾任务以来难得的好天气。

14时20分，直升机降落理县，专家们挥手向机组告别，机组人员迅速组织13名伤员及相关人员登机。

随即，3架直升机从理县按预定飞行高度和航线返航。

接近汶川，邱光华机组与在汶川执行任务的多么秀750机组取得联系。

"拐三四（734），通报你的高度和位置。"

"快到汶川了，高度2200。"

"你能不能看见我？"

"不能。"

"我保持速度120，你保持速度180向前追。"

"明白。"

一分钟后，邱光华机组又呼叫多么秀机组："拐五洞（750），我基本能看到你了。"

到了银杏侧方，邱光华再次报告："我快赶上你了。"

在银杏前方大约 2 公里，邱光华机组保持高度 2200 米，多么秀机组高度 1800 米。

高山峡谷露出了狰狞的面目。局部气候骤然变化，低云大雾和强气流猛烈袭来。

"这个时候下面就基本看不清了，天气突变，低云。"多么秀这样描述。

在这条航线上长时间飞行，他们都知道低云意味着什么。

"准备上去，到云上去。"多么秀直接拉升飞机上升高度，准备越过云层。

"你速度不要小于 150，我保持 120。"过了 30 秒，邱光华机组又问了一次："速度多少？"

"速度 160，你是多少？"

"我是 120。"

邱光华再次联系："老多，看一下航向……"

这是邱光华留下的最后声音，接着就从通信信号中消失了，从战友们的视线中消失了……

这一天，与邱光华的 734 号一起执行任务的还有飞行员刘绍良，两人一前一后飞向映秀。到映秀后他们便分手了，邱光华向耿达进发，老刘则以映秀为中心执行任务。当老刘转运完物资飞到耿达，却不见要转运的人。耿达中学的教师说，人被邱光华机组接走了。"这个老大哥可真行，争着完成任务！"老刘笑着说。

伤员下完，老刘又从成都升空，目标地汶川草坡乡。当飞机掠过紫坪铺水库大坝上空时，先前晴好的天空阴沉下来。老刘的心也随着天气的变化阴沉了下来。凭经验，老刘的感觉是天气要变坏，得抓紧时间完成任务返回。13时55分，飞机在草坡乡迅速卸载完物资后升空返航。多么秀、邱光华机组的两架飞机还没消息，由于受山地影响，无线电联络距离大大缩短，老刘怎么叫也叫不到他们，更无法及时提醒他们！一团阴云涌上老刘心头，不安的感觉越来越强烈。

老刘和另几架飞机脱离了险境，但后边还有两个批次四架飞机，虽然这些机长经验丰富、技术精湛，然而天气却在继续恶化，堆积的云层正在向银杏方向发展。"但愿都能安然无恙！"老刘在心中祈祷。

15时03分，老刘降落在凤凰山机场。

15时30分，老刘接到"734已失去联系半个多小时"的电话时，心一下子被掏空了，脑子一片空白，接电话的手在发抖，一种不祥的感觉笼罩住了老刘。

大队的电话铃声再次拨动了老刘的神经。团里通知老刘和另一机长立即进场，准备再次出动搜寻734机组。来到机场，天气阴沉，飞行员在休息区的大巴车上，只待天气好转，立即升空。

此时此刻，大家都沉默着，谁也不肯多说话。作为飞行员大家都明白，734失去联系意味着凶多吉少！

在团里工作的儿子邱锋知道了，找到机场，看到老刘就问："刘叔，我爸爸是不是迫降在外边了? 安全吗? 今天还回来吗? ”老刘瞥了一眼邱锋，不敢再看同自己的儿子差不多大的邱锋那充满担忧和悲伤的眼睛，只得轻声说：“……是迫降了……天气转好就回来!”

31 日直到 18 时，天气仍没有转好，老刘他们终未成行。

晚饭后，团作战值班室灯火通明，团领导召集几个老飞行员确定第二天的搜救方案。走过大队门口，老刘看到几个中青年飞行员已没有了往日的欢笑，坐在绿化带前脸色凝重而失落。老刘不敢与他们对视，怕勾起更多的悲伤。

无论你在哪里，我们都要把你找回来!

中共中央总书记、国家主席、中央军委主席胡锦涛在得悉直升机失事的消息后，十分关切，立即指示全力搜救，并委派中共中央政治局委员、中央军委副主席郭伯雄前往一线组织指挥。

成都军区司令员李世明、政治委员张海洋指示部队运用各种通信手段联系机组，同时通过空军中继机、中国移动通信公司呼叫直升机。联合指挥部命令在汶川映秀镇执行抗震救灾任务的成都军区、济南军区、武警部队官兵和民兵预备役人员及地方群众组成的地面搜救分队，在直升机失事的可能区域展开陆空联合拉网式搜救。

从重庆江北机场起飞的一架航拍飞机，对直升机失事的可能区域进行了高清晰度航拍。

空降兵6名特种兵搭乘中国民航局救捞队的直升机实施机降，对中国科学院航空雷达遥感飞机提供的疑似地点进行了实地勘察。

成都军区抗震救灾联合指挥部还组织水陆工程探测车，对紫坪铺水库库底实施了侦察作业。

西安卫星监控中心启用3个系列、4颗卫星，配合地面部队对失事直升机进行全天候、全方位搜寻。

来自空军、海军和民航的飞机以及成都、广东、武汉的志愿者加入到搜救行列中；地面上自发组织起来的几千名老百姓也投入到了搜救中。

海军陆战队、广东空中搜救队都投入了紧张的搜救任务……

军委、总部、全国人民在搜寻一开始就把目光聚焦到了最有可能首先找到邱光华的陆航团。

6月1日7点，顶着巨大压力，余志荣团长和刘绍良驾驶直升机向失事地域飞去。

搜寻飞行非常疲劳，飞高了看不清地面，更看不清丛林中的情况；飞得太低又不利于保证飞行安全，时刻要随山势峡谷的走向贴着峰壁飞行，不停地转弯。机组模拟734号航行路线反复飞行，盼望能看到他们的踪影。在这么大的心理压力下实施搜寻作业，比救灾飞行更耗精力、体力。"长时间瞪着眼睛往下看，眼珠子都要掉出来了。"参加搜救的几位战友脸色都很难看，却没人放弃。

老刘和团长在734飞机的航线延伸点赵公山着陆，向老乡询问

734 的踪迹。这时一个车队开过来，从车上走下了脚穿解放鞋、满身是尘土的四川省省委副书记李崇喜、阿坝州人大常委会主任。他们正带领地面搜救人员沿这一带进行拉网式搜寻。人民有难，子弟兵冲锋在前、奋不顾身。而当子弟兵有事时，地方政府和乡亲们也倾其全力予以帮助。

接近 18 点，全天飞了八个多小时，仍搜寻未果。

十天的搜寻没有一点结果。失事地域山高谷深，树深林密，到处都是悬崖断壁。734 号就像一片绿叶飘进了灌木丛，难以查找。

灾区人们曾一度传言说："失事直升机找到了，都平安！"人们绘声绘色地描述，邱机长如何凭着高超的技术转危为安，直升机成功迫降在离紫坪铺水库 3 公里远的高山密林里，机组人员个个都活着……这是一个美丽的传说，这是一个让人流泪的故事。老乡们都说，不，这是真的、真的……雄鹰永远在天空飞翔。

那些日子，谁的心里都不好受，谁都在巴巴地盼啊，等啊，期待早点听到机组安全的消息。

5 月 31 日下午，有人在映秀制药厂附近的山上听到爆炸声……

有人在赵公山附近听到爆炸声，看到冒黑烟……

还有人在无音寺附近发现遗体，疑是失踪机组成员……

还有老百姓报告说直升机在青城后山迫降了……

对于这些信息，营救人员都要逐一排查，不放过任何一个机会和可疑地域。

一天天的搜寻以满怀信心开始，以失望结束。

十一个日日夜夜过去了，联合搜救小组终于用成空和民航双流机场引导雷达提供的信息，判定映秀镇西北大红崖周边为直升机失事的主要疑似地区。

地面搜救分队已开赴飞机失事地带并发现飞机残骸和遗体，地点就在大红崖，标高3300米。老刘和团长驾驶着飞机载着总长助理杨志琦中将和军区刘永新副参谋长等搜救人员盘旋在大红崖上空，却连地面搜救人员不停摇动着的衣物和红旗也看不到。

正在此时，山区天气风云突变，大红崖就像魔鬼使出移山倒海的魔术般，立刻被云雾罩得严严实实，偌大的大红崖山竟在瞬间不见了。

幻象！幻象！危险的幻象！那看似虚空的云雾里就藏着魔鬼的利爪！老刘的心一紧，想到了很多……老刘和团长同时说声"走！"一带杆，飞机机头一偏，迅即离开了大红崖这令飞行员伤心的地方。

将军明白了：在这样的环境中飞行，简直就是在与死神共舞。而在党和人民的需要面前，邱光华和他的战友们在这条航线上不知穿越了多少个来回。是一种精神，使他们无惧死的威胁……

谁说男儿不流泪，男儿一哭令天愁。

汶川只恨山无眼，战士尤悲土有丘。

万人共啸关山上，直送苍鹰向九州。

烈士的身躯，化作了山脉，永远地融入了这片他爱之、敬之，并为之献出了一切的热土之中。

→ # 英魂永驻

★★★★★

邱光华的英雄壮举，在全国各族人民中产生了巨大反响。从党和国家领导人到普通群众，无不为之动容。2008 年 6 月 14 日，邱光华和机组人员的遗体从映秀镇运回成都，当灵车缓缓驶出映秀镇时，各族人民纷纷走出帐篷，或披白纱，或捧着从山中采摘的小白花，泪如雨下，哭声恸天。都江堰、羊犀、成都……沿途 70 公里，万人空巷，小学生行少先队礼、公安干警列队相送、各种车辆就地停靠、鸣笛志哀……

2008 年 5 月 31 日，734 号直升机从雷达屏幕上消失。那一刻，凤凰山上的战友们沉浸在极度的焦虑与忧伤之中。11 天后，确信 5 位勇士已化作山脉时，战友的泪水滴湿了山上的草木黄花。

△ 迎灵仪式上，邱光华烈士灵柩缓缓走过

英雄走了，战友们继续用生命飞翔。他们将泪水化作燃烧的血液，驱动战鹰冲上蓝天，循着英雄的航迹奋飞，在天气极限、地形极限、飞机极限、人员生理和心理极限下，续写新的壮歌！

2008 年 6 月 1 日，邱光华机组 5 位勇士牺牲的第二天，北川唐家山堰塞湖再次告急：快速上涨的湖水，危及北川全县和绵阳市大部分地区，数十万人民群众头顶"悬湖"。要解决这一问题，必须立即开挖泄洪槽，紧缺大量雷管、炸药、煤油、汽油等物资。

当初第一个冒死驾机将水利专家送上湖坝的副团长姜广伟毅然擦干眼泪，再次主动请战。这是一项极具挑战性的艰险任务：大批平时严禁运载的易燃易爆物品，而今却要装载在一遇强气流就会剧烈颠簸的直升机上，送到危机四伏的堰塞湖区。有人问姜广伟："你们就真的不怕危险？"姜广伟说："最佳搭档走了，我们不能因为他的远去就忘记党的重托和人民的期盼，更不能因为前途艰险而放弃为祖国和人民飞翔！"

湖区四周依然是山体崩塌后陡峭的山崖，湖堤上依然是乱石林立，根本找不到一小块平地可供着陆，若强行机降，直升机旋翼稍有不慎就会碰上土丘，造成机毁人亡。姜广伟驾机低空盘旋，拐弯、拉升、降落，每个动作都从容坚定。

一批紧接着一批的易燃易爆物品，被他们冒死送上堰塞湖坝顶，确保了泄洪槽开挖进度。6月10日，唐家山堰塞湖成功爆破泄洪。消息传来，姜广伟布满倦意的脸上露出了欣慰的笑容。他说："倘若烈士在天有灵，他们也会含笑九泉。"

6月9日，理县药品告急，伤员急需救治！

10天前，邱光华机组就折翅在这条"死亡航线"上，谁还敢冒险？藏族飞行员陈远康主动请缨，登机前，他豪迈而坚定地对机组人员说："为人民利益勇于牺牲一切，为祖国安危勇于牺牲一切！这是邱光华机组为我们做出的表率。任务当前，我们唯有飞翔，用生命飞翔！"

直升机悲壮起飞，穿过密如蜘蛛网的高压线，穿过峡谷变幻莫测的强气流，穿过能见度仅有二三百米的浓云迷雾……这一天，

△ 迎灵仪式上，悲恸欲绝的邱光华妻子李弟燕（左二）

陈远康驾着战鹰在这条航线上连续飞行了 4 个架次，一批又一批急需药品被及时送抵，一批又一批危重伤员被紧急外送。

"只要人民群众一天有困难，我们就一天不停飞！"时任团长余志荣道出了全团官兵将抗震救灾进行到底的坚强决心。

团政委张晓峰告诉来访记者，飞行时刻都有风险，我们不怕！在抗震救灾中，大多数飞行员在邱光华英雄机组的精神激励下挑战飞行极限，最多的一天飞行

11 个小时；有 8 名家在重灾区的飞行员，把家事搁在一边专注救灾；年轻飞行员勇担重任，多次飞临"孤岛"银杏乡、草坡乡、耿达乡等地运送药品和食品。

　　人总是要死的，但死的意义有不同。邱光华烈士，在党和人民最需要的时候，奋不顾身，冲锋在前，用忠诚和热血谱写了一曲壮美的生命之歌，实现了革命

△ 2009年清明节战友亲人深切缅怀邱光华英雄机组

军人最崇高的价值追求。胡主席称赞他们"是为人民利益而牺牲的，是无上光荣的"。

我们这支军队从诞生那一天起，就吮吸着人民的乳汁成长壮大，就把全心全意为人民服务作为自己的唯一宗旨。人民军队的历史，是一部与人民群众血肉相连、生死相依的奋斗史，是一部为了人民利益前仆后继、浴血奋战的战斗史。在我军历史上，许许多多的英雄都是为人民服务、为人民奉献的楷模。

"不忘人民养育恩，为了人民敢献身。"追寻邱光华机组 5 位烈士的生命航程，我们看到，他们始终怀着对人民群众无比深厚的感情，始终保持着与人民群众的血肉联系，始终把人民利益看得比自己的生命还重，在人民最需要的时候，勇于奉献一切。他们用生命践行了我军全心全意为人民服务的宗旨，他们的英名将永远留在人民心中。

后 记

"邱光华式"机组：战鹰聚气待冲天

2012年7月22日晨，一颗绿色信号弹在海拔4300米某雪域高原腾空而起。

"743、749、745……起飞！"随着飞行指挥员举起话筒，开飞命令正式下达。

霎时，战鹰轰鸣，铁翼飞旋，6架直升机相继沿着雪域高原初露晨曦的地平线次第升空。

曾被中央军委授予"抗震救灾英雄陆航团"荣誉称号、素有"高原雄鹰"之称的成都军区陆航某旅某新型直升机高原首次实弹射击演练拉开了帷幕。

6架机翼下挂满火箭弹、导弹的战鹰在飞行过程中快速形成空中作战队形，随即呼啸着直扑目标区域。

"各机组注意，攻击航线空域突遇高原强气流，注意规避！"战机编队即将飞临目标区域，耳机里传来指挥塔台指挥员张金林的命令。

面对猝不及防的险情，749直升机机舱内此时静得吓人，机组所有人员心一下子都提到了嗓子眼。有着1000多小时高原飞行经验的机长时金盛紧握操纵杆，眼睛死死地盯着前方。

"高度6000米，快速爬升，摆脱气流！"随着编队长机机长、旅长栗国应急指令的下达，749直升机颤抖着10米、10米向高空攀升，不知过了多久，终于爬到6300米！当透过机舱俯看到蓝天白云时，所有人都松了一口气。

有些记忆是无法被岁月冲淡的。机长时金盛调整一下飞行姿态，看着机舱外云海纵横，他的思绪一下子回到了四年前那场惊心动魄的抗震救灾中，眼前又浮现出战友的身影："老邱啊，我们又回来啦！"

汶川"5·12"大地震发生后，51岁的邱光华不顾自己还有半年就到停飞年龄的情况，拒绝专门为他安排的后方岗位，坚持亲自驾机参加一线救援，在19天的救灾行动中带领机组连续执行复杂地理、气象环境条件地区抢运受伤群众和运送救灾物资任务，共飞行50小时31分、63架次，运送物资25.8吨，运送救灾人员87名，转移受灾群众234名。

2008年5月31日，邱光华奉命驾驶92734号直升机执行运送三医大防疫专家到理县的任务，返航途中，飞至汶川县映秀镇附近时，因局部气候变化，突遇低云大雾和强气流，直升机不幸失事，邱光华、李月、王怀远、陈林、张鹏5位机组人员以身殉职。

飞！飞！飞！在5位英雄离开的日子里，战友们一次次用生命飞翔，续写了新的飞行纪录：出动飞机最多、飞行架次最多、飞行时间最长、飞行空域最广、飞行航线最复杂；

飞！飞！飞！一次次生死穿越，战友们在英雄精神的鼓舞下飞到了"四个极限"：天气极限、地形极限、飞机极限、飞行人员的操纵极限……

整个抗震救灾期间，全旅共出动直升机2073架次，累计飞行1715小时零7分，抢运危重伤员1170人，运送救灾物资661.3吨，运送医疗人员、各类专家、兵力3470人，转运被困群众2171人……为党和人民立下了不朽的功勋！

英雄虽已远去，但英雄的血液依然在战友们身上流淌。冲出强气流的阴霾，走出令人萦绕的回忆，作为邱光华机组所在大队原大队长的时金盛把目光投向一旁的"新飞"，激动地说："无论是抢险救灾还是未来作战，遇到的各种复杂情况不可想象，如果平时不瞄准困难问题多练几招，不把各种训练情况设置复杂想到位，就完成不了党和人民交给的任务。"

广袤的雪域高原，空气稀薄，气候变幻莫测，不仅是"生命禁区"，更是世界航空界公认的"飞行禁区"。特别是直升机，氧气不足，发动机燃烧不充分，马力打折扣；空气稀薄，旋翼排气量减少，升力受影响。于是，这片神秘蓝天，一直是邱光华生前和战友们梦想征服的飞行高地。

"活着的人缅怀故人最好的方式就是努力完成他未竟的事业，作为曾经朝夕相处的战友，我们更应该像英雄那样去面对人生，像英雄那样去飞行！"旅长栗国经常这样勉励飞行员。为突破高原屏障，近年来他们年年闯禁区，屡屡创奇迹，先后成功开辟直升机青藏、川藏南北航线在内的数十条航线，填补了15项世界航空史上的空白，被誉为"雪域神鹰"。

不久，刚刚完成编制调整任务的"陆航新旅"又迎来了"履新"第一次重大任务检验——上级命令该旅火速组建一支精干飞行分队赴某雪域高原完成年度多弹种实弹射击，探索直升机高寒山地作战训练新路子。

直升机高原作战训练是一项开创性的工程，充满了风险和挑战，面临许多现实难题和困难。昔日的"雪域神鹰"能否再次征服"死亡航线"，在雪域高原这片神奇的蓝天上再建新功？实弹射击任务能否如期圆满完成？一连串问题摆在邱光华所在部队的战友们面前。

"战鹰的翅膀是飞出来的！"该旅政委饶崎认为，完成高原特殊任务需要精湛的技术，更需要像邱光华英雄机组那样冲锋在前、勇挑重担、顽强拼搏的忠诚品格和过硬战斗作风。

为此，一场关于"争当邱光华式机组，圆满完成高原任务"大讨论在任务分队展开，飞行员们围绕邱光华机组的英雄壮举进行思想交流。讨论中，大家道出了共同的心声：是党为我们插上钢铁的翅膀，是人民把我们送上蓝天，只有永远为党和人民飞翔，勇挑重担，不畏艰险，不怕牺牲，我们才能飞得更高，飞得更远。

"再有一年多时间我就要停飞退休了，我要把积累的高原飞行技术传授给新同志，告慰逝去的老战友！"从事飞行35年、10余次飞越雪域高原"死亡航线"的53岁藏族特级飞行员陈远康再次向组织递交申请，请求参加高原飞行训练。他和邱光华是同批招飞的老战友、好兄弟，他们曾无数次在蓝天比翼双飞，在地面促膝交流。

热血在奔涌，思想在升华。数天后，成都凤凰山机场，高耸的飞行塔台上，"弘扬光华精神，再创飞行奇迹"的大幅标语显得格外引人注目，当6架任务机组起飞后从这里通过，醒目的标语早已镌刻在了他们的心底。

"各机组注意，做好攻击准备！"战机飞临目标区域，耳机里传来长机机长、旅长栗国的指令，几架直升机迅速展开。

"743目标锁定，请求攻击！"

"749目标锁定，请求攻击！"

"发射！"指挥员话音刚落，直升机机身略抖，传来一阵巨响，而后是扑鼻而来的一股浓烈的火药味。直升机右侧14枚火箭弹吐着火焰划破长空，地面足球场大小的目标区域腾起一片火光……

一架接着一架，机身下火箭弹、地空导弹接连呼啸而出，如离弦之箭直扑目标，目标区浓烟久久不能消散……

羽翼待丰盼展翅，鹰击长空会有时。此次高原驻训演练，他们积极探索加快转变战斗力生成模式新途径，在训法、战法、课题试验和保障方法等方面取得了重要突破，初步形成高寒山地条件下多机种多弹种实兵实装训练体系，锻炼了雪域高原陆军航空兵能上、能飞、能练、能打的硬功：

——开创了我军陆航部队首次在4500米以上高寒山地火箭弹、空地导弹和空空导弹攻击的3个先河；

——创造了高寒山地运用加改装武器系统进行实弹射击、运用新型头盔瞄准发射、运用数据链实施空地链接、运用多弹种同步试验等4项第一；

——形成了陆航直升机高寒山地突击低空目标、精确打击地面目标、火力毁伤面状目标、多机种混合编队突防、多弹种互补打击等5项主要战法；

——填补了高寒山地条件下野战机场开设、航空弹药补给、信息数据指挥、激光照射引导、直升机火力打击、军民融合保障等高原作战训练6项空白。

英雄虽然已经远去，但精神仍在升华，奇迹仍在被创造，一个个邱光华式机组正在续写新的辉煌。"魂兮归来英灵有根，浩气长存故土犹荣。"汶川上空，虽然早已没有雄鹰飞过的痕迹，但雄鹰之魂却恒久地留在了蓝天之上。

飞！飞！飞！飞越雪域天险！

飞！飞！飞！飞越使命高度！

100位

新中国成立以来感动中国人物

丁晓兵 马万水 马永顺 马恒昌 马海德 中国女排五连冠群体

孔祥瑞 孔繁森 文花枝 方永刚 方红霄 毛岸英

王 杰 王 选 王 瑛 王乐义 王有德 王启民

王进喜 王顺友 邓平寿 邓建军 邓稼先 丛 飞

包起帆 史光柱 史来贺 叶 欣 甘远志 申纪兰

白芳礼 任长霞 刘文学 刘英俊 华罗庚 向秀丽

廷·巴特尔 许振超 达吾提·阿西木 邢燕子 吴大观

吴仁宝 吴天祥 吴金印 吴登云 宋鱼水 张 华

张云泉 张秉贵 张海迪 时传祥 李四光 李春燕

李桂林和陆建芬夫妇 李素芝 李梦桃 李登海 杨利伟

杨怀远 杨根思 苏 宁 谷文昌 邰丽华 邱少云

邱光华 邱娥国 陈景润 麦贤得 孟 泰 孟二冬

林 浩 林巧稚 林秀贞 欧阳海 罗映珍 罗健夫

罗盛教 草原英雄小姐妹 赵梦桃 钟南山 唐山十三农民

容国团 徐 虎 秦文贵 袁隆平 钱学森 常香玉

黄继光 彭加木 焦裕禄 蒋筑英 谢延信 韩素云

窦铁成 赖 宁 雷 锋 谭 彦 谭千秋 谭竹青

樊锦诗

图书在版编目（CIP）数据

邱光华 / 王军，王伦娓，夏锐著. -- 长春：吉林
文史出版社，2012.12（2024.5重印）
（100位新中国成立以来感动中国人物）
ISBN 978-7-5472-1262-2

Ⅰ．①邱… Ⅱ．①王… ②王… ③夏… Ⅲ．①邱光华
（1957～2008）-生平事迹-青年读物②邱光华（1957～
2008）-生平事迹-少年读物 Ⅳ．①K825.2-49

中国版本图书馆CIP数据核字(2012)第259912号

邱光华

QIUGUANGHUA

著/ 王军 王伦娓 夏锐
选题策划/ 王尔立 责任编辑/ 王尔立 李洁华 任玉茗
装帧设计/ 韩璘
出版发行/ 吉林文史出版社
地址/ 长春市福祉大路5788号 邮编/ 130118
电话/ 0431-81629363 传真/ 0431-86037589
印刷/ 天津海德伟业印务有限公司
版次/ 2012年12月第1版 2024年5月第5次印刷
开本/ 640mm×920mm 1/16
印张/ 9 字数/ 100千
书号/ ISBN 978-7-5472-1262-2
定价/ 29.80元